COLLECTION
FOLIO THÉÂTRE

Jean Racine

La Thébaïde

ou

les Frères ennemis

Édition présentée, établie et annotée
par Georges Forestier
Professeur à l'Université Paris-Sorbonne

Gallimard

PRÉFACE

Les deux premières tragédies de Racine, La Thébaïde
ou les Frères ennemis *(1664) et* Alexandre le Grand
*(1665) ont été créées par Molière sur la scène de son théâtre
du Palais-Royal. Rien de plus agréable pour l'esprit, avec
le recul, que le plus grand comique français ait ainsi donné
sa chance au plus grand tragique, que les deux figures les
plus admirées du « théâtre classique » français se soient
ainsi d'emblée reconnues. Car il est des circonstances
fortuites qui peuvent faire sens. Racine était apparenté à
la femme de La Fontaine, qu'il fréquenta dès son entrée
dans le milieu littéraire en 1659; il semble avoir connu
Boileau assez tôt, même si ce n'est que bien après 1670
qu'ils devinrent des amis inséparables; enfin, en 1664,
celui qui lui donna sa chance, ce fut Molière. La Fontaine,
Boileau, Molière, Racine : les quatre « génies classiques »
dans lesquels l'histoire littéraire a voulu voir plus tard l'illustration la plus brillante du « siècle de Louis XIV » se
seraient donc trouvés dès le commencement du règne personnel du jeune roi. On ne pouvait rêver plus beaux accords
pour l'harmonie du concert classique.*

*Or rien de plus trompeur que cette impression : la ren-
contre ne résulta pas d'une affinité élective. On va voir que
Racine avait rêvé d'une autre troupe pour sa* Thébaïde *et*

que Molière n'avait pas prévu de lancer le jeune poète. Certes, le directeur de théâtre tenta d'imposer la pièce auprès d'un public réticent, et donna une nouvelle chance au débutant en montant sa deuxième tragédie, Alexandre le Grand. *Générosité d'un homme de goût qui avait décelé le talent dramatique d'un cadet, ou politique avisée d'un directeur de théâtre qui s'était trouvé en 1664 privé de la nouveauté sur laquelle il comptait (*Le Tartuffe*) et s'était rabattu en catastrophe sur la tragédie d'un débutant bien en cour que le théâtre rival avait prévu de mettre à l'affiche de longs mois plus tard ?*

Ce n'est pas encore le lieu de répondre à cette question[1]. On observera pour l'instant que si La Thébaïde ou les Frères ennemis *est la première tragédie de Racine, ce n'était pas son coup d'essai. Il avait déjà composé deux pièces de théâtre quelques années plus tôt, qu'il avait soumises tour à tour aux deux autres troupes parisiennes, le théâtre du Marais et le théâtre de l'Hôtel de Bourgogne. La première, intitulée* Amasie, *avait été d'abord favorablement accueillie par les comédiens du Marais, puis, après réflexion, refusée. La seconde, qui avait pour héros le poète latin Ovide, avait été proposée à l'Hôtel de Bourgogne qui avait accepté de la représenter alors même que Racine en avait à peine commencé la versification (printemps 1661). Malheureusement, tombé gravement malade et envoyé par sa famille parachever sa convalescence dans le Midi, à Uzès, il avait mis des mois à récupérer ses facultés créatrices et la pièce ne fut jamais achevée. Entre-temps les comédiens de l'Hôtel de Bourgogne avaient fait appel à l'un de leurs auteurs attitrés, Gabriel Gilbert, qui composa* Les Amours d'Ovide, *une « pastorale héroïque », créée le 1ᵉʳ juin 1663, quelques semaines après le retour de Racine à Paris. Cette seconde déconvenue ne le fit pas renoncer : à l'automne de*

---

1. Voir la Notice, p. 130.

*1663, sa correspondance nous le montre lancé depuis
quelques semaines dans* La Thébaïde.

D'une inspiration à l'autre

*Si les raisons du refus d'Amasie par le théâtre du
Marais tiennent probablement à la réelle faiblesse de cette
œuvre — peu après l'avoir lue Charles Perrault avait
affirmé que la première ode de Racine «valait dix fois la
comédie[1] » —, on ne sait rien du contenu de la pièce elle-
même. Tragédie ? Tragi-comédie ? Comédie ou pastorale
héroïque ? La consonance du nom d'Amasie fait irrésistible-
ment penser à un personnage de pastorale, et l'on retrouvera
une «Amazie» dix ans plus tard dans une pastorale
héroïque à machines de Claude Boyer intitulée* La Fête de
Vénus, *jouée avec grand succès sur la scène du Marais.
Mais il pourrait s'agir aussi d'une héroïne orientale. Car
Amasie est le nom d'une concubine du roi de Perse Artaxerxès,
que son fils Darius avait demandée en mariage, provoquant un violent conflit entre un père et un fils jusqu'alors
unis, dénoué* in extremis *par un sursaut généreux du père
au moment de condamner son fils. De cette célèbre histoire
tirée de Plutarque deux dramaturges de renom (Boisrobert
et Magnon) avaient tiré l'un une tragi-comédie l'autre une
tragédie à fin heureuse près de vingt ans plus tôt. Mais ces
précédents ne nous avancent guère, et il reste impossible de
savoir si Racine avait écrit une pastorale héroïque ou une
tragédie à fin heureuse. Mais dans les deux cas, Amasie
devait être l'héroïne d'un sujet «aimable». Au lendemain
des troubles de la Fronde (1648-1653), qui avaient provoqué
un effondrement complet de la création de tragédies au*

---

1. «Comédie» s'entend ici au sens, courant alors, de *pièce de théâtre.*
Lettre de Racine à l'abbé Le Vasseur, 13 septembre 1660, dans *Œuvres
complètes,* «Bibliothèque de la Pléiade», II, p. 385.

profit de la comédie, le renouveau du genre tragique n'avait été possible qu'au prix d'un bouleversement complet de ses caractéristiques. Depuis le Timocrate *(1656) du jeune Thomas Corneille — l'un des plus grands succès du siècle —, la mode était à une forme de tragédie très éloignée de ce que sera* La Thébaïde : *sujets romanesques, intrigues complexes, dénouements le plus souvent heureux, et, par-dessus tout, primauté conférée à l'amour qui détermine tous les actes des personnages. L'Amasie du jeune Racine, qui se faisait remarquer dans les salons par sa veine de poète galant, ne pouvait guère échapper à ce modèle. Son* Alexandre le Grand *en 1665, dont le héros affirme qu'il accomplit toutes ses conquêtes pour les beaux yeux de la princesse qu'il courtise, le confirmera jusqu'à la caricature.*

D'autant que son second essai dramatique, centré sur Ovide, semble confirmer le choix de cette veine galante. Depuis 1650, traductions et adaptations de L'Art d'aimer *et des* Remèdes d'amour *faisaient fureur dans la société mondaine, et l'on disait alors d'un coureur de jupons « c'est un Ovide » comme on dit aujourd'hui « c'est un don Juan ». Mettre Ovide en scène, c'était être conduit à lui faire reprendre ses aveux les plus célèbres (dont Molière devait bientôt se souvenir en élaborant son* Dom Juan) *— « Je n'ai pas la force de me gouverner, je suis comme le navire qu'emportent les flots rapides. Mon cœur ne s'astreint pas à préférer certaines beautés, il trouve cent raisons de les aimer toutes[1] » —, aveux suivis de l'énumération, presque aussi célèbre, de toutes les beautés qui lui plaisent. Assurément, Racine ne pouvait qu'avoir été conduit à présenter son Ovide comme le parangon de l'inconstance galante, sous peine d'être accusé d'avoir manqué son sujet.*

En élisant la terrible histoire de La Thébaïde *à son retour d'Uzès, deux ans plus tard, Racine opéra un retournement*

1. *Amours*, II, 4, 7.

esthétique si radical et si inattendu qu'on est en droit de penser qu'il n'a pas dû être le résultat — ou pas seulement, car le besoin d'un changement de registre a pu malgré tout se faire sentir après les déboires des deux tentatives galantes — d'une décision personnelle. Il devait le reconnaître lui-même dix ans plus tard en préfaçant la nouvelle édition de sa tragédie : «J'étais fort jeune quand je la fis. Quelques vers que j'avais faits alors, tombèrent par hasard entre les mains de quelques personnes d'esprit. Ils m'excitèrent à faire une Tragédie, et me proposèrent le sujet de la Thébaïde.» Alors au faîte de la gloire, il savait que malgré son sujet grec La Thébaïde ou les Frères ennemis *risquait d'être jugée trop peu «racinienne» par ses lecteurs — ce n'est pas la passion amoureuse qui est au cœur du conflit —, et il voulait prévenir leur déception. Mais à ceux qui auraient pu estimer que l'idée d'avoir choisi un tel sujet n'était pas une bonne idée, il faisait valoir qu'il s'était lancé dans l'aventure sur la suggestion de «quelques personnes d'esprit». Ce qui est néanmoins une manière de reconnaître qu'il avait trouvé l'idée bonne en 1663. Il reste à comprendre pourquoi.*

Raisons d'un sujet terrible

La terrible histoire des frères ennemis, Étéocle et Polynice, est un peu oubliée aujourd'hui : on connaît surtout les deux épisodes qui l'encadrent, sources des deux plus célèbres tragédies de Sophocle, Œdipe Roi *et* Antigone. *Et de fait, moins profonde sur les plans anthropologique et psychologique que l'histoire d'Œdipe, moins riche sur les plans politique et moral que celle d'Antigone, l'histoire des deux frères — en dépit de ses résonances mythiques[1] — se distingue*

---

1. Voir, pour la civilisation juive, Abel et Caïn, Jacob et Ésaü ; pour **la civilisation romaine, Romulus et Remus.**

d'abord par un étonnant phénomène de réaction en chaîne mortel. Issus de l'union incestueuse de Jocaste et d'Œdipe, maudits (pour d'autres raisons) par celui-ci, Étéocle et Polynice s'ensanglantent pour le trône de Thèbes sur lequel ils auraient dû se succéder, mais que l'un refuse de céder et auquel l'autre refuse de renoncer. Leur guerre, nouvelle Iliade, *entraîne la mort de nombreux héros grecs et le sacrifice expiatoire de leur plus jeune cousin, Ménécée. Leur duel fratricide cause le suicide de leur mère Jocaste et conduira à celui de leur sœur Antigone, condamnée pour avoir enfreint l'interdiction d'ensevelir le cadavre de Polynice, déclaré ennemi de la patrie par le nouveau roi, Créon. Enfin, ce second suicide déclenchera ceux de son fiancé, Hémon (fils de Créon), et de la mère de celui-ci, Eurydice. Les versions de la légende divergent sur les conditions de la mort de Créon, oncle des deux frères et, en tant que nouveau roi de Thèbes, bourreau de sa nièce Antigone et indirectement de son propre fils Hémon. Toujours est-il que, s'il survécut aux événements, il n'en mourut pas moins tragiquement à son tour un peu plus tard.*

On comprend que Racine, qui a renforcé ce phénomène de réaction en chaîne en liant directement les morts d'Antigone et de Créon au duel mortel des deux frères, ait éprouvé le besoin de se justifier en 1675. Mais douze ans plus tôt, quand il s'était mis au travail, soucieux de s'extirper de toute tentation galante, il avait dû justement juger que La Thébaïde *était, comme il l'expliqua ensuite à son lecteur, « le sujet le plus tragique de l'Antiquité ». C'était alors à ses yeux sa principale qualité. Il avait appris dans la* Poétique *d'Aristote — véritable bible pour les auteurs de tragédie — que les meilleurs types de sujet sont ceux qui reposent sur le principe du « surgissement des violences au sein des alliances », le philosophe grec citant en guise d'illustration les cas du père qui tue son fils, du frère qui tue son frère, et du fils qui tue sa mère. Et Corneille*

qui, après Le Cid, *s'était lancé dans la carrière tragique
en choisissant l'histoire d'un frère qui tue sa sœur* (Horace)*,
venait tout récemment de réaffirmer la primauté de ce
principe dans son* Discours de la tragédie *(1660). Aussi
ne doit-on pas s'étonner aujourd'hui que Racine ait songé
à traiter un sujet dans lequel la course tragique des personnages possède une dimension si peu psychologique : ce n'était
pas un critère de choix.*

   *Qu'en quête d'un sujet particulièrement « tragique » il
ait été séduit par l'histoire d'Étéocle et de Polynice nous
paraît s'expliquer par deux raisons majeures. En premier
lieu cette histoire était alors extrêmement connue. Non seulement Rotrou, envers lequel Racine ne cache pas sa dette,
l'avait portée au théâtre vingt-cinq ans plus tôt en la
combinant avec celle d'Antigone (Antigone, 1637), mais
en 1658 l'abbé de Marolles avait traduit une épopée latine
alors célèbre,* La Thébaïde *de Stace — épopée dont Corneille
envisageait durant ces mêmes années de publier une traduction en vers*[1]*. En second lieu, il y avait un précédent
illustre : quatre ans plus tôt seulement, en 1659, le même
Corneille avait obtenu un grand succès en proposant son*
Œdipe *—* Œdipe, *le sujet qui précédait immédiatement
celui de la lutte fratricide d'Étéocle et de Polynice. Or* Œdipe
*était l'adaptation de l'œuvre la plus célèbre de Sophocle
(reprise par Sénèque), tandis que l'histoire des frères ennemis
avait été dramatisée par Euripide, sous le titre des* Phéniciennes *(avant d'être aussi reprise par Sénèque). Il est
peut-être exagéré d'estimer que c'était se poser d'emblée comme
l'Euripide de celui qui était considéré depuis vingt ans
comme le Sophocle du* XVIIe *siècle. Le débutant n'en était pas*

---

1. En 1670 Corneille prit un privilège pour la publication de cette
traduction : elle devait être déjà assez avancée à cette date. Le savant
Ménage en connaissait au moins les deux premiers livres puisqu'il en
cite trois vers en 1672 dans ses *Observations sur la langue française*. Ce
sont les seuls que l'on connaisse. Tout le reste a disparu.

encore là. C'était en tout cas une belle occasion de se faire remarquer. Mais ceux qui ont conseillé Racine avaient alors probablement une autre idée en tête : Corneille avait écrit Œdipe *à la demande du surintendant Fouquet, emprisonné depuis septembre 1661 et dont le procès traînait en longueur ; c'est pour le roi que le jeune homme devait en écrire la suite.*

Le pari n'en était pas moins risqué à cette date, un sujet aussi terrible n'étant pas le meilleur moyen de s'attirer les faveurs de la société galante qui, tout en admirant la grandeur de Corneille, faisait fête aux aimables intrigues de Gilbert, aux « douces » violences de Quinault, aux situations romanesques de Thomas Corneille, et qui devait applaudir dix-huit mois plus tard la deuxième pièce de Racine, le « galant » Alexandre. *Et, de fait,* La Thébaïde *n'eut guère de succès. Mais l'intérêt manifesté par les deux troupes de comédiens qui acceptèrent successivement cette tragédie — la troupe de l'Hôtel de Bourgogne et celle de Molière[1] — et la faveur persistante du galant duc de Saint-Aignan, l'un des favoris de Louis XIV, qui consentit à ce que la pièce fût ensuite publiée sous son patronage, montrent que le pari n'était pas absurde et qu'il n'a pas été entièrement perdu.*

Racine au travail : composer *La Thébaïde*

Dans la préface qu'il plaça en tête de sa tragédie en 1675, Racine rappela que « [l]e sujet avait été autrefois traité par Rotrou sous le nom d'Antigone » pour reprocher aussitôt à celui-ci d'avoir « réuni en une seule pièce deux actions différentes ». De fait Rotrou a bien marié entre elles, exactement comme Robert Garnier au siècle précédent (en

1. Voir la Notice, p. 130.

1580), deux sources tragiques différentes, Les Phéniciennes *d'Euripide et* Antigone *de Sophocle, c'est-à-dire
combiné deux sujets qui pouvaient demeurer indépendants.
Mais c'est que, pour avoir choisi la même histoire que
Racine — le sort des enfants d'Œdipe —, il n'avait en
aucun cas traité le même sujet. Écrivant une* Antigone, *il
l'avait élargie à l'affrontement préalable de ses deux frères,
comme s'il avait éprouvé le besoin de remonter à la source
immédiate du drame, le duel fratricide des deux frères
ennemis dont l'issue scelle le destin de leur sœur. Ce n'était
pas un défaut à la date où la pièce a été créée (1637[1]), et
trois ans plus tard Corneille avait jugé bon à son tour
d'enchaîner le combat (presque) fratricide des Horaces et
des Curiaces et les conséquences tragiques de ce combat (le
héros victorieux tue sa sœur à son retour). Cependant, c'est
justement son* Horace *qui marque un tournant dans l'histoire de la tragédie française : tirant la leçon du succès
mitigé rencontré par sa pièce, Corneille l'a imputé au fait
qu'elle comporte ce qu'il appellera en 1660 une « action
double[2] » et il s'est efforcé à partir de* Cinna *de concentrer
rigoureusement son action dramatique autour d'un enjeu
unique. Dès lors, on comprend bien que vingt ans après*
Horace *et* Cinna, *trois ans après la publication des* Discours *théoriques de Corneille et des* Examens *critiques de
ses pièces, Racine à ses débuts ait spontanément cherché à
se garder de tout risque de « duplicité d'actions ».*

Ce souci explique qu'il puisse prétendre avoir suivi Les
Phéniciennes *d'Euripide — « Je dressai à peu près mon
plan sur les* Phéniciennes *d'Euripide » —, alors même
qu'il en a considérablement modifié le dénouement. Dans
la pièce grecque, après la mort d'Étéocle et de Polynice ainsi*

1. Elle a été publiée deux ans plus tard, en 1639.
2. *Examen d'Horace,* dans Corneille, *Œuvres complètes,* éd. A. Stegmann,
Gallimard, « Bibliothèque de la Pléiade », I, p. 840.

que de Jocaste, Créon exile le vieil Œdipe hors du territoire
de Thèbes, refuse à Antigone la sépulture de Polynice, et,
devant le refus de la jeune fille d'épouser son fils Hémon,
la chasse avec son père; la tragédie s'achève sur le triste
départ d'Œdipe et d'Antigone après qu'ils ont versé des
pleurs sur les corps étendus des deux frères, et non sans
qu'Antigone n'annonce qu'elle reviendra ensevelir Polynice
au péril de sa vie. Assurément Racine s'est avisé que Les
Phéniciennes d'Euripide laissent ainsi attendre le sujet
d'Antigone : *pour couper court à cette attente, il a voulu
strictement organiser sa pièce autour du sujet qu'il s'était
choisi et sur lequel met l'accent le sous-titre, « les frères
ennemis »*, et il a fait en sorte que l'action ne se prolonge
pas au-delà de la mort des deux frères. Alors que dans les
pièces antiques leur combat fratricide entraînait une seule
mort immédiate, le suicide de leur mère Jocaste, il entraîne
chez Racine la mort de tous les autres personnages : Hémon
meurt sur le lieu même du combat, sous les coups d'Étéocle,
en tentant désespérément de s'interposer; Antigone se tue de
désespoir immédiatement après avoir appris les morts successives de sa mère, de ses deux frères et de son amant —
rendant ainsi sans objet la question de la sépulture de
Polynice. Cette modification radicale en a induit une autre :
dans la mesure où Antigone se tue après la mort de ceux
qu'elle aime et où le poète a cherché à créer un véritable
enchaînement suicidaire, Créon doit se tuer lui-même consé-
cutivement à la mort d'Antigone. Là réside peut-être l'origine
de l'inédite passion amoureuse pour Antigone que Racine
a prêtée à Créon et qui ne se manifeste qu'au dernier acte.

   La seconde modification fondamentale concerne la dimension politique de l'affrontement entre les deux frères ennemis.
Depuis son origine, cette histoire propose, entrelacé à la
tragédie de la malédiction, un drame dynastique lié au
thème traditionnel de l'ambition politique. Dans l'Antiquité,
et encore à la Renaissance, ce thème était l'un des lieux

obligés de la lamentatio *tragique dans les tragédies à péril d'État, et Racine le savait bien puisqu'il avait songé dans un premier temps à faire prononcer par Antigone, sous la forme de stances, une déploration des méfaits de l'ambition au commencement du cinquième acte. Mais la difficulté, pour un homme qui vivait à l'époque de Louis XIV, consistait à rendre acceptable pour son public que les deux héritiers d'une dynastie légitime pussent s'entre-tuer pour le pouvoir. Or chez les poètes antiques Œdipe n'est pas encore mort lorsque les deux frères ont commencé à se disputer le pouvoir. Selon la source à laquelle ils se rattachent, ils le font mourir juste avant l'éclatement de la guerre entre les deux frères[1], ou peu après leur combat fratricide[2] ; mais, dans tous les cas, ce n'est qu'après leur avoir cédé le pouvoir (ou en avoir été dépossédé par eux) qu'il meurt, et la décision de partager le pouvoir entre eux n'est en rien de son fait. Au rebours de toute la tradition, Racine a imaginé que la lutte pour le pouvoir était étroitement liée à l'héritage du roi défunt : c'est sous une forme testamentaire qu'Œdipe, juste avant de mourir, a donné le pouvoir à ses deux fils selon un principe alternatif (une année chacun). Modification de la légende qui en impliquait une autre : transformer en jumeaux des frères qui ne l'avaient jamais été[3]. Selon la « loi fondamentale » de la monarchie française (dite « loi salique »), la transmission du pouvoir royal reposait sur le principe absolu de la primogéniture masculine, le roi n'ayant ainsi aucune possibilité de choisir son successeur, et le*

---

1. Selon une tradition issue de l'épopée perdue *Œdipodie*, à laquelle se rattachent *Les Sept contre Thèbes* d'Eschyle, *Œdipe à Colone* et *Antigone* de Sophocle.
2. Selon une autre tradition, issue d'une autre épopée grecque disparue, *La Thébaïde*, à laquelle se rattachent *Les Phéniciennes* d'Euripide et de Sénèque, ainsi que l'épopée latine de Stace, *La Thébaïde*.
3. Rappelons que dans les traditions antiques issues de l'*Œdipodie*, c'est Étéocle qui est l'aîné, mais que Sophocle dans son *Œdipe à Colone* présente au contraire Polynice comme l'aîné.

public français du xviiᵉ siècle n'aurait jamais compris qu'un roi ait partagé sa couronne entre un aîné et un cadet et que celui-ci ait pu seulement songer à y prétendre.

Ainsi appuyé par le testament du roi défunt et par l'égalité de naissance, le droit dont se croit assuré le Polynice de Racine est fondé sur une véritable légitimité monarchique — alors que dans la tradition antique, si le droit est du côté de Polynice[1], c'est seulement qu'il est reproché à Étéocle d'avoir trahi la parole donnée (le pacte de partage du pouvoir) et d'avoir réduit son frère au statut indigne de malheureux exilé. Face à lui, Étéocle, qui a régné légitimement durant un an, est loin d'avoir été réduit par Racine au statut de tyran. Certes, ses invocations à la volonté du peuple — qui s'opposent à la légitimité du sang mise en avant par Polynice — lui donnent en apparence le statut d'un tyran (au sens du grec tyrannos). Mais, en même temps, la jurisprudence monarchique française admettait que le testament du roi défunt pût être cassé au nom du droit supérieur du roi régnant : aucune loi, fût-elle celle du roi précédent, ne peut limiter la faculté qu'a le nouveau roi de faire les lois — liberté législative qui constitue le fondement de la monarchie absolue[2]. C'est au nom de ce droit supérieur que le testament de Louis XIII a été cassé en lit de justice sur la requête de la régente et au nom de Louis XIV en 1643. Et c'est au nom de cette loi fondamentale qu'argumente Étéocle face à sa mère — dans un passage curieusement supprimé par Racine à partir de l'édition de 1675 (v. 111-122). Roi régnant, Étéocle a l'appui de son peuple pour décréter ce qui lui paraît conforme à l'intérêt de la continuité de la monarchie — ce sur quoi insiste Créon à la scène 5 de l'acte I (v. 242-256). Roi virtuel, selon le seul

---

1. Voir *Les Phéniciennes* d'Euripide (v. 154-155).
2. « Absolu » veut dire proprement *délié des lois* (*Rex solutus ex legibus*). Cela signifie non pas que le roi peut tout faire, mais qu'aucune loi antérieure ne peut l'empêcher de faire une nouvelle loi.

droit testamentaire du roi précédent, Polynice n'a aucune légitimité royale aux yeux d'Étéocle, le roi régnant; il met désormais en péril la continuité monarchique, et ce d'autant plus qu'il cherche à appuyer son droit en dévastant son propre pays avec le concours d'armées étrangères.

De ce fait, alors que dans toutes les sources anciennes c'est à Polynice qu'allait la faveur des poètes, Racine a durci le personnage en renvoyant dans le passé une douceur de caractère qui lui valait la sympathie des autres membres de sa famille : à deux reprises seulement Antigone insiste sur les raisons qui la rapprochaient autrefois de Polynice plutôt que d'Étéocle. Inversement, Étéocle n'est plus le pur ambitieux que présentait Euripide dans Les Phéniciennes. *À son entrée en scène, il apparaît comme un fils sensible, prêt à céder aux larmes de sa mère (v. 159-165 et surtout 190-202). De là ce reproche adressé plus loin par Antigone à Polynice :*

Oui, mon Frère, il n'est pas comme vous inflexible,
Aux larmes de sa Mère il a paru sensible,
Nos pleurs ont désarmé sa colère aujourd'hui,
Vous l'appelez tyran, vous l'êtes plus que lui.

(II, 3; v. 635-638)

Remarquable inversion d'une idée empruntée à l'épopée de Stace : chez celui-ci c'est Polynice qui avait été désarmé par les larmes de sa mère, lorsque celle-ci s'était rendue au camp des Argiens pour tenter d'arrêter la guerre.

La dernière transformation importante du sujet concerne la dimension amoureuse du drame. «L'amour, écrit Racine dans sa préface de 1675, qui a d'ordinaire tant de part dans les Tragédies, n'en a presque point ici. Et je doute que je lui en donnasse davantage si c'était à recommencer. »

*Surprenante affirmation si l'on compare sa pièce aux originaux antiques dont elle s'inspire : dans ces œuvres l'amour entre Antigone et Hémon n'est que pudiquement évoqué, quand il n'est pas réduit à une simple promesse de mariage. Du coup, la critique n'a généralement voulu voir dans le développement de cet amour que hors-d'œuvre sans intérêt et sacrifice à la mode galante — à laquelle le grand Corneille lui-même aurait déjà succombé dans son adaptation d'*Œdipe*. En fait, il ne s'était pas agi pour Corneille de sacrifier à la mode, ni pour Racine d'imiter servilement le maître. Dans* Œdipe *comme dans* La Thébaïde, *la dimension galante — soigneusement circonscrite dans un « épisode » amoureux — avait pour but, pour reprendre les termes de Corneille, de doter deux des drames les plus monstrueux de la légende grecque « des principaux ornements qui nous gagnent d'ordinaire la voix publique[1] ». Dans les deux cas l'amour, dont par ailleurs la présence est consubstantielle à l'esthétique de la tragédie française du XVIIe siècle, a été introduit comme un adoucissement destiné à empêcher le public sensible du milieu du siècle d'être rebuté par un sujet terrible :*

> D'un pinceau délicat l'artifice agréable
> Du plus affreux objet fait un objet aimable,

dira Boileau au commencement du chant III de son Art poétique. *Puisque dans un tel sujet il était hors de question d'adoucir la haine — Racine l'a même exacerbée —, seul le développement en contrepoint de l'amour parfait pouvait permettre de rendre aimable « le sujet le plus tragique de l'antiquité ». Aussi Racine ne dit-il pas que « si c'était à recommencer », il ôterait tout amour de sa pièce, bien au contraire : il doute seulement qu'il lui donnât davantage*

---

1. Corneille, Préface d'*Œdipe*, « Bibliothèque de la Pléiade », III, p. 19.

de place. *Il demande donc simplement à son lecteur de
1675, surpris de découvrir une tragédie racinienne dans
laquelle il y a si peu d'amour, de comprendre que le sujet
en est la haine fratricide, et qu'il était impensable de dis-
traire l'un ou l'autre des deux protagonistes de cette passion
destructrice : dès lors, il ne pouvait être question que de
« jeter l'amour sur un des seconds personnages ». Par là
s'explique que la modification du destin d'Antigone se soit
répercutée sur l'image même de la princesse. En revenant
en 1675 sur la place dévolue à l'épisode amoureux, Racine
n'a pas commenté le fait que son Antigone meure en somme
par amour, puisque ses derniers mots rapportés par sa
suivante sont : « Cher Hémon, c'est à toi que je me Sacrifie. »
La fière et courageuse héroïne de la tragédie grecque, victime
de la piété familiale, et devenue une « femme forte » chez
Rotrou, meurt ici comme une amoureuse (plutôt que comme
une sœur, après la mort de ses frères, ou une fille, après la
mort de sa mère).*

Le jeu antithétique

*Tout fonctionne ainsi selon le régime du contraste dans
cette tragédie, conformément à la structure du sujet fondé
sur l'affrontement de deux frères. Eux-mêmes sont deux
« glorieux » qui, pour ne rien vouloir céder, sont prêts à
mettre leur patrie et leur vie en péril : ils s'opposent en cela
à deux autres frères, leurs cousins Ménécée et Hémon, qui
sont deux « généreux » conduits à sacrifier leur vie, l'un
pour sauver sa patrie, l'autre pour empêcher Étéocle et
Polynice de s'entre-tuer. Parallèlement, à l'incarnation de
la haine totale que constituent Étéocle et Polynice s'oppose
l'incarnation du parfait amour que représente le couple
Antigone-Hémon. Et au dernier acte, à la pureté de la
« pieuse » Antigone s'oppose la noirceur de l'hypocrite et*

inhumain Créon, joint à la jeune fille par un amour inac-
ceptable (Créon l'ambitieux qui forme contraste en outre
avec ses deux fils désintéressés). Enfin, à l'arrière-plan de
la tragédie, s'opposent les dieux et l'ensemble des hommes et
des femmes de cette famille.

Ce régime du contrepoint explique aussi les particula-
rités — contraires aux données de la tradition légendaire
— du personnage de Créon. La projection au premier plan
de Jocaste, dont tous les efforts tendent à réconcilier ses fils,
a entraîné le développement d'un rôle dramatique qui s'ef-
force au contraire de détruire toute possibilité d'accommo-
dement et d'obtenir la destruction des deux frères. Opposition
d'autant plus frappante qu'elle se construit sur un exact
parallélisme : Créon est le frère de Jocaste, et il a lui aussi
deux fils, qui vont périr tragiquement. Du coup, le Créon
de Racine est devenu un tyran sur le modèle des tyrans
traditionnels de la tragédie — dont il reproduit la mort
désespérée —, et un monstre prêt à tout sacrifier à sa
passion du pouvoir, y compris ses propres fils pour lesquels
il n'a qu'un mot de regret, vite effacé par la satisfaction
d'être parvenu au pouvoir suprême et d'être désormais seul
à pouvoir prétendre à la main d'Antigone : « J'étais Père et
Sujet, je suis Amant et Roi[1]. »

---

1. V, 4 ; v. 1600. Ce type de personnage monstrueux a un précédent
célèbre, la reine Cléopâtre de Syrie qui, dans *Rodogune* de Corneille
(1646), attente à la vie de ses deux fils pour garder le pouvoir. Cette
forme de monstruosité n'était pas, à proprement parler, une invention
de Corneille : elle avait été esquissée avant lui. En 1638, un certain
Regnault avait publié une *Marie Stuard*, dans laquelle le frère de la
reine, le comte de Mourray, se réjouit de la mort imminente de sa sœur
(I, 3) : « Le sceptre de ma sœur va tomber en mes mains / Et je ferai
bientôt orné de sa couronne / Un pas de son Tombeau pour monter
sur son trône, / Il est vrai que je faux, je ne le puis nier, / Mais ma
faute pourtant se peut justifier, / Car quoique ce projet paraisse illé-
gitime / C'est être vertueux que de faire un beau crime / Et le doux
nom de Roi ne saurait trop coûter / Quand par un sacrilège on devrait
l'acheter. »

Et c'est comme naturellement que la figure rhétorique fondamentale qui traverse les discours de tous les personnages et qui transcende toutes les oppositions soit la figure de l'antithèse. Car on écrit volontiers que dans La Thébaïde *Racine n'a pas trouvé son style, et que, zèle de débutant, il est porté à imiter le style rhétorique (sentencieux et antithétique) de Corneille. Passons sur la vision stéréotypée de Corneille qu'une telle opinion révèle. Elle méconnaît surtout la caractéristique première de l'écriture de Racine, qui est l'adaptation au sujet. De même qu'à la donnée élégiaque du sujet de* Bérénice *correspondra une écriture élégiaque, de même, dans* La Thébaïde, *à un sujet fondé sur l'affrontement et une intrigue bâtie sur le contrepoint correspond une écriture antithétique.*

Haine et fatalité : irruption de l'irrationnel

Il est essentiel d'observer, pour finir, que le caractère natif de la haine fraternelle était complètement absent des Phéniciennes *d'Euripide comme de celles de Sénèque. Dans les deux tragédies antiques, nous l'avons dit, c'est l'ambition politique qui dresse les deux frères l'un contre l'autre. Il est ainsi particulièrement flagrant dans la pièce d'Euripide que la violence de l'affrontement verbal, qui finit par déboucher sur la provocation au combat fratricide, repose sur la seule radicalité de deux logiques opposées (conserver le bien conquis / reprendre le bien dont on a été injustement dépossédé). Il n'est que de voir l'entrée en scène de Polynice dans* Les Phéniciennes : *loin qu'il soit question d'une haine qui aurait pris naissance dès l'enfance et presque dans le ventre maternel, Polynice demande à sa mère de le réconcilier avec son frère (v. 435). Et il est clair que la violence est surtout le fait de l'ambition et de la dureté d'Étéocle qui refuse d'écouter toute proposition d'accommo-*

*dement, son seul souci étant de garder à tout prix, fût-ce
celui de l'injustice, le pouvoir suprême qu'il juge être « la
plus grande des divinités » (v. 506) : en somme, Étéocle se
flatte d'être un usurpateur et s'exprime en vrai tyran, provoquant ainsi la fureur de Polynice. Certes, cette ambition
destructrice a une dimension transcendante puisqu'elle est
le résultat de la malédiction solennelle proférée par Œdipe
contre ses deux fils après qu'ils l'eurent dépossédé du pouvoir
et enfermé dans son palais[1], et que malédiction et ambition
destructrice ne sont, après tout, que l'effet de la condamnation par les dieux de toute la dynastie des Labdacides.
Il n'en est pas moins vrai que, si les dieux ont condamné
les deux frères à mourir l'un par l'autre, ils ne les ont pas
condamnés à se haïr — de même qu'Œdipe n'avait pas tué
son père par haine.*

   *Or Racine, qui a repris le principe de la radicalité de
deux logiques opposées, mais l'a transformé en rationalité
politique, semble avoir voulu éviter de priver le conflit
qu'il modifiait ainsi de toute dimension transcendante.
Ayant écarté toute idée de malédiction prononcée par le roi
disparu — et pour cause, puisque c'est sur l'idée contraire
d'un testament que repose la rationalité politique —, il a
cherché un autre moyen de maintenir la chaîne continue
de la condamnation divine qui frappe de génération en
génération la lignée des Labdacides. Certes, connaissant
les compétences relativement limitées de son public, il ne
remonte pas au-delà du « sang de Laïus » (v. 28), en restant
ainsi à l'inceste d'Œdipe. Mais l'essentiel est qu'il ait
conféré un caractère* fatal *à la haine fratricide qui oppose
Étéocle et Polynice, en lui donnant une dimension immé-
moriale. Ainsi, dès la première scène de la tragédie, Jocaste
évoque la souillure incestueuse de leur sang :*

---

1. On voit cette malédiction réaffirmée par le vieux roi dans l'*Œdipe
à Colone* de Sophocle.

Ce sang en leur donnant la lumière céleste,
Leur donna pour le crime une pente funeste,
Et leurs cœurs infectés de ce fatal poison,
S'ouvrirent à la haine avant qu'à la raison.

(I, 1 ; v. 35-37)

*Racine a donc inventé une nouvelle forme de fatalité,
absente des modèles antiques, qui se manifesterait dans la
haine, une haine aussi ancienne que l'existence même des
deux frères : une haine qui « aussitôt que la vie entra dans
notre cœur » (v. 1018)*[1]*. Fatalité toute providentielle, au
demeurant, et nullement antique (ni janséniste), puisqu'elle
est présentée par Étéocle comme la punition de l'inceste de
ses parents :*

On dirait que le Ciel par un arrêt funeste,
Voulut de nos parents venger ainsi l'inceste [...]

(IV, 1 ; v. 1023-1024)

Mais il faut prendre garde à la restriction (on dirait
que) *: le providentialisme biblique, sous la forme du dieu*
vengeur, *comme le providentialisme chrétien, sous la forme
de la* punition divine, *ne masquent pas tout à fait la vieille
et peu compréhensible* condamnation *des dieux grecs dont
on peut remonter le fil de génération en génération —
condamnation, d'ailleurs, contre laquelle se révoltent Antigone et Jocaste*[2]*. Peu importe, après tout, que Racine n'ait
pas cherché à harmoniser les formes de prédestination qu'il
tirait de son éducation biblique et de son éducation mytho-*

1. Ancienneté dans la haine qu'il renforce en 1697 en la faisant
remonter jusqu'au ventre maternel (voir la note du v. 1019, n. 1 de la
p. 81).
2. Chrétiennes qui s'ignorent, pour leur part, puisque leur révolte
signifie qu'il ne peut être de dieux que justes.

logique. L'important semble avoir été pour lui de conférer à l'affrontement des deux frères une dimension irration-nelle, qui rejoint le mythe biblique des frères ennemis[1].

Mais il se trouve que cette superposition des deux logiques d'affrontement — rationnelle (politique) et irrationnelle — constitue le principal obstacle au développement d'une action dramatique totalement cohérente et entée sur des motivations psychologiques. Car cette haine fondamentale, qui est régulièrement rappelée tout au long de la tragédie (y compris après l'annonce du sacrifice de Ménécée, v. 784) et qui culmine dans l'aveu d'Étéocle à l'ouverture de l'acte IV, ôte toute efficace à l'expression de l'ambition criminelle de Créon. Ainsi, puisque cette haine est présentée comme native, quelle est la portée de l'aveu de Créon : « Les deux Frères par moi devinrent Ennemis » (v. 965) ? Certes, si l'on se livre au jeu des interprétations, on peut estimer que Créon a joué dans le passé le rôle de l'agent diabolique dans l'endurcissement des deux frères (perspective chrétienne), puis dans le déclenchement de l'affrontement ; et, de fait, il assume toute la responsabilité de ce qu'il appelle « mes crimes » au dénouement (v. 1645). Mais, dans le cadre de la pièce qui se déroule sous nos yeux, on est forcé de constater que, devant une haine aussi ancienne et aussi irrésistible, Créon n'a pas, comme il n'a jamais eu, de véritable rôle à jouer — pas plus qu'il ne sera directement responsable du suicide d'Antigone dont il s'accuse, alors qu'elle se tue pour

1. On a souvent fait remarquer que le mot sang est utilisé 90 fois dans cette tragédie (51 fois seulement dans *Iphigénie*, tragédie du sacrifice, moins de 40 fois pour *Phèdre* et *Athalie*) : le sang coupable des aïeux et du père est responsable du sang que les deux frères cherchent à répandre, et la culpabilité s'éteindra avec la dernière goutte du sang de la famille des Labdacides. Pour la signification mythique de cet usage polysémique du sang (où se croisent les valeurs de légitimité dynastique et les pulsions primaires), voir Chr. Delmas, *Mythologie et mythe dans le théâtre français*, p. 191-197.

*rejoindre ceux qu'elle aime. Et la noirceur qu'il exprime,
notamment dans la longue scène 5 de l'acte III, sert à la
fois de contrepoint au rôle de Jocaste, comme nous l'avons
vu, et de préparation du dernier acte fondé sur le thème
traditionnel du remords suicidaire du tyran[1] : pour que sa
mort, rendue ici nécessaire par la volonté de clôture du
sujet manifestée par Racine, possède une véritable cohé-
rence, il faut que Créon prenne toute la dimension tyran-
nique qu'il possède depuis l'Antiquité — depuis* Antigone
*—, selon un principe que le poète formulera en 1675 dans
la nouvelle préface d'*Andromaque *: «J'ai cru en cela me
conformer à l'idée que nous avons maintenant de cette
Princesse»; quelles que soient les divergences des sources
antiques sur Créon (un personnage qui peut apparaître
fidèle, sincère et respectable comme dans *Œdipe roi), «l'idée
que nous avons maintenant» de ce personnage est celle que
nous a donnée* Antigone, *où il est conduit à se comporter
comme un tyran.*

*En élargissant cette remarque aux autres personnages
— tous demeurent, peu ou prou, les témoins de la double
course suicidaire des deux frères sur laquelle ils ne peuvent
intervenir —, on trouvera peut-être la clé de l'insuccès de la
tragédie à l'époque : autour de deux protagonistes condamnés
d'emblée, une série de spectateurs éplorés ou heureux de leur
ensanglantement. Toute «moderne» qu'elle est par sa
structure, et malgré cet étalement de l'intérêt dramatique
sur l'étendue des quatre premiers actes qui est le signe le
plus manifeste de cette modernité,* La Thébaïde *dissimule
mal que tout est joué avant même que la pièce commence.
Et, comme dans la plus pure tradition de la tragédie séné-
quienne, la tragédie s'ouvre sur l'expression de la* douleur
de Jocaste et se clôt sur la manifestation de la fureur *de
Créon, sans que ni l'une ni l'autre n'apparaissent comme*

1. Voir le v. 1656 et la note 1, p. 109.

des réactions véritablement psychologiques à des événements qui se déroulent devant *eux. De ce point de vue — c'est-à-dire par son sujet même —, la pièce avait trente ans de retard.*

Georges FORESTIER

La Thébaïde

ou

les Frères ennemis

TRAGÉDIE

À

MONSEIGNEUR
LE DUC
DE S. AIGNAN
PAIR DE FRANCE[1]

MONSEIGNEUR

Je vous présente un Ouvrage qui n'a peut-être rien de considérable que l'honneur de vous avoir plu. Mais véritablement cet honneur est quelque chose de si grand pour moi, que quand ma Pièce ne m'aurait produit que cet avantage, je pourrais dire que son succès aurait passé mes espérances. Et que pouvais-je espérer de plus glorieux que l'approbation d'une Personne qui sait donner aux choses un si juste prix, et qui est lui-même l'admiration de tout le monde? Aussi, MONSEIGNEUR, si *la Thébaïde* a reçu quelques applaudissements, c'est sans doute qu'on n'a pas osé démentir le jugement que vous avez donné en sa faveur, et il semble que vous lui ayez communiqué ce don de plaire qui accompagne toutes vos actions. J'espère qu'étant dépouillée des ornements du Théâtre, vous ne laisserez pas de la regarder encore favorablement. Si cela est, quelques ennemis qu'elle puisse avoir, je n'appréhende rien pour elle, puisqu'elle sera assurée d'un Protecteur, que le nombre des ennemis n'a pas accoutumé d'ébranler[2]. On sait, MONSEIGNEUR, que si vous avez une parfaite connaissance des belles choses, vous n'entreprenez pas les grandes avec un courage moins élevé, et que vous avez réuni en vous ces deux excellentes qualités qui ont fait séparément tant de grands hommes. Mais je dois craindre que mes louanges ne vous soient aussi importunes, que les vôtres m'ont été avantageuses : aussi bien je ne vous dirais que des choses qui sont connues de tout le monde, et que vous seul voulez ignorer. Il suffit que vous me permettiez de vous dire avec un profond respect, que je suis,

MONSEIGNEUR,

Votre très humble, et très
obéissant Serviteur,
RACINE.

ACTEURS

ÉTÉOCLE, *Roi de Thèbes.*
POLYNICE[1], *Frère d'Étéocle.*
JOCASTE[2], *Mère de ces deux Princes et d'Antigone.*
ANTIGONE, *Sœur d'Étéocle et de Polynice.*
CRÉON, *Oncle des Princes, et de la Princesse.*
HÉMON, *Fils de Créon, Amant d'Antigone.*
OLYMPE, *Confidente de Jocaste[3].*
ATTALE, *Confident de Créon.*
UN SOLDAT GREC[4]. *Un Page, et des Gardes[5].*

*La Scène est à Thèbes dans une
Salle du Palais Royal[6].*

LA THÉBAÏDE
OU
LES FRÈRES ENNEMIS

ACTE I[1]

SCÈNE PREMIÈRE

JOCASTE, OLYMPE

JOCASTE

Ils sont sortis, Olympe ? Ah mortelles douleurs !
Qu'un moment de repos me va coûter de pleurs !
Mes yeux depuis six mois étaient ouverts aux larmes[2],
Et le sommeil les ferme en de telles alarmes[3] ?
5 Il devait bien plutôt les fermer pour jamais,
Que de favoriser le plus noir des forfaits[4].
Mais en sont-ils aux mains ?

OLYMPE

Du haut de la muraille,
Je les ai vus déjà tous rangés en bataille[5],
J'ai vu déjà le fer briller de toutes parts,
10 Et pour vous avertir, j'ai quitté les remparts.
J'ai vu le fer en main Étéocle lui-même ;
Il marche des premiers, et d'une ardeur extrême
Il montre aux plus hardis à braver le danger.

JOCASTE

N'en doutons plus, Olympe, ils se vont égorger,

à un Page[1].

15 Que l'on aille au plus vite avertir la Princesse[2],
Je l'attends. Juste Ciel ! soutenez ma faiblesse,
Il faut, il faut courir[3] après ces inhumains,
Il les faut séparer, ou mourir par leurs mains[4].
Nous voici donc, Olympe[5], à ce jour détestable[6]
20 Dont la seule frayeur me rendait misérable,
Ni prières, ni pleurs ne m'ont de rien servi,
Et le courroux du sort voulait être assouvi.
Ô toi, qui que tu sois qui rends[7] le jour au monde[8],
Que ne l'as-tu laissé dans une nuit profonde ?
25 À de si noirs forfaits, prêtes-tu tes rayons,
Et peux-tu sans horreur voir ce que nous voyons ?
Mais ces Monstres, hélas ! ne t'épouvantent guères[9],
Le seul sang[10] de Laïus les a rendus vulgaires ;
Tu peux voir sans frayeur les crimes de mes Fils,
30 Après ceux que le Père et la Mère ont commis :
Tu ne t'étonnes pas si mes Fils sont perfides,
S'ils sont tous deux méchants, et s'ils sont parricides[11],
Tu sais qu'ils sont sortis d'un sang incestueux,
Et tu t'étonnerais s'ils étaient vertueux.   34
35 Ce sang en leur donnant la lumière céleste,
Leur donna pour le crime une pente funeste,
Et leurs cœurs infectés de ce fatal poison,
S'ouvrirent à la haine avant qu'à la raison[12].

SCÈNE II

JOCASTE, ANTIGONE, OLYMPE

JOCASTE

Ma Fille, avez-vous su l'excès de nos misères[1].   35

ANTIGONE

40 Oui, Madame, on m'a dit la fureur de mes frères.

JOCASTE

Allons, chère Antigone, allons tout de ce pas[2],
Arrêter s'il se peut leur parricide bras[3],
Allons leur faire voir ce qu'ils ont de plus tendre ;
Voyons si contre nous ils pourront se défendre,   40
45 Ou s'ils oseront bien dans leur noire fureur
Répandre notre sang pour attaquer le leur.

ANTIGONE

Madame, c'en est fait, voici le Roi lui-même.

SCÈNE III

JOCASTE, ANTIGONE, ÉTÉOCLE, OLYMPE

JOCASTE

Olympe, soutiens-moi, ma douleur est extrême.

ÉTÉOCLE

Madame qu'avez-vous ? Et quel mal si caché…

JOCASTE

50 Ah ! mon Fils, de quel sang êtes-vous là taché[1] ?
Est-ce de votre Frère[2], ou n'est-ce point du vôtre ?

ÉTÉOCLE

Non Madame, ce n'est ni de l'un ni de l'autre[3],
Polynice à mes yeux ne s'est point présenté,
Et l'on s'est peu battu d'un et d'autre côté[4].   50
55 Seulement quelques Grecs d'un insolent courage[5],
M'ayant osé d'abord[6] disputer le passage[7],
J'ai fait mordre la poudre à ces audacieux,
Et leur sang est celui qui paraît à vos yeux.

JOCASTE

Mais pourquoi donc sortir avecque[8] votre Armée[9],
60 Quel est ce mouvement qui m'a tant alarmée[10] ?

ÉTÉOCLE

Madame il était temps que j'en usasse ainsi,
Et je perdais ma gloire à demeurer ici.   58
Je n'ai que trop langui derrière une muraille,
Je brûlais de me voir en un champ de bataille[11],
65 Lorsque l'on peut paraître au milieu des hasards,
Un grand cœur est honteux de garder des remparts.
J'étais las d'endurer que le fier Polynice,
Me reprochât tout haut cet indigne exercice,
Et criât aux Thébains, afin de les gagner[12],
70 Que je laissais aux fers ceux qui me font régner[13].
Le Peuple à qui la faim se faisait déjà craindre,   59
De mon peu de vigueur commençait à se plaindre,
Me reprochant déjà qu'il m'avait couronné,
Et que j'occupais mal le rang qu'il m'a donné[14].
75 Il le faut satisfaire, et quoi qu'il en arrive,
Thèbes dès aujourd'hui ne sera plus captive[15],

Je veux, en n'y laissant aucun de mes soldats,
Qu'elle soit seulement juge de nos combats[1].
J'ai des forces assez pour tenir la campagne,
80 Et si quelque bonheur nos armes accompagne,
L'insolent Polynice et ses Grecs orgueilleux,
Laisseront Thèbes libre, ou mourront à ses yeux[2].   70

JOCASTE

Vous préserve le Ciel d'une telle Victoire[3],
Thèbes ne veut point voir une action si noire,
85 Laissez là son salut et n'y songez jamais;
La Guerre vaut bien mieux que cette affreuse Paix[4].
Dure-t-elle à jamais cette cruelle Guerre[5],
Dont le flambeau fatal désole cette terre.
Prolongez nos malheurs, augmentez-les toujours,
90 Plutôt qu'un si grand crime en arrête le cours[6].
Vous-même d'un tel sang souilleriez-vous[7] vos Armes[8]?
La Couronne pour vous a-t-elle tant de charmes?
Si par un parricide il la fallait gagner
Ah! mon Fils à ce prix voudriez-vous régner?
95 Mais il ne tient qu'à vous si l'honneur vous anime,
De nous donner la Paix, sans le secours d'un crime[9],
Vous pouvez vous montrer généreux[10] tout à fait,
Contenter votre Frère, et régner en effet.

ÉTÉOCLE

Appelez-vous régner lui céder ma Couronne,
100 Quand le sang, et le Peuple à la fois me la donne[11]?   80

JOCASTE

Vous savez bien, mon Fils, que le choix et le sang[12]
Lui donnent comme à vous sa part à ce haut rang.
Œdipe en achevant sa triste destinée
Ordonna que chacun régnerait son année,
105 Et n'ayant qu'un État à mettre sous vos Lois,

Il voulut que tous deux vous en fussiez les Rois[1].
À ces conditions vous voulûtes souscrire[2],
Le sort vous appela le premier à l'Empire,
Vous montâtes au Trône, il n'en fut point jaloux,
110 Et vous ne voulez pas qu'il y monte après vous ?   90

ÉTÉOCLE

Il est vrai, je promis, ce que voulut mon Père,
Pour un Trône est-il rien qu'on refuse de faire ?
On promet tout, Madame, afin d'y parvenir,
Mais on ne songe après qu'à s'y bien maintenir[3].
115 J'étais alors sujet, et dans l'obéissance,
Et je tiens aujourd'hui la suprême puissance :
Ce que je fis alors ne m'est plus une Loi,
Le devoir d'un Sujet n'est pas celui d'un Roi.
D'abord que sur sa tête il reçoit la Couronne,
120 Un Roi sort à l'instant de sa propre personne,
L'intérêt du public doit devenir le sien,
Il doit tout à l'État, et ne se doit plus rien.

JOCASTE

Au moins doit-il, mon Fils, quelque chose à sa gloire,
Dont le soin ne doit pas sortir de sa mémoire,
125 Et quand ce nouveau rang l'affranchirait des Lois,
Au moins doit-il tenir sa parole à des Rois[4].

ÉTÉOCLE

Polynice à ce titre aurait tort de prétendre[5],   91
Thèbes sous son pouvoir n'a point voulu se rendre[6],
Et lorsque sur le Trône il s'est voulu placer,
130 C'est elle et non pas moi qui l'en a su chasser.
Thèbes doit-elle moins redouter sa puissance,
Après avoir six mois senti sa violence ?
Voudrait-elle obéir à ce Prince inhumain,
Qui vient d'armer contre elle et le fer et la faim ?

135 Prendrait-elle pour Roi l'Esclave de Mycène
Qui pour tous les Thébains n'a plus que de la haine,   100
Qui s'est au Roi d'Argos indignement soumis,
Et que l'Hymen attache à nos fiers ennemis ?
Lorsque le Roi d'Argos l'a choisi pour son Gendre,
140 Il espérait par lui de voir Thèbes en cendre,
L'amour eut peu de part à cet hymen honteux,
Et la seule fureur en alluma les feux[1].
Thèbes m'a couronné pour éviter ses chaînes ;
Elle s'attend par moi de voir finir ses peines,
145 Il la faut accuser si je manque de Foi,
Et je suis son Captif, je ne suis pas son Roi.   110

JOCASTE

Dites, dites plutôt, cœur ingrat et farouche,
Qu'auprès du Diadème il n'est rien qui vous touche ;
Mais je me trompe encor ce rang ne vous plaît pas,
150 Et le crime tout seul a pour vous des appas.
Hé bien ! puisqu'à ce point vous en êtes avide,
Je vous offre à commettre un double parricide,
Versez le sang d'un Frère : et si c'est peu du sien,
Je vous invite encore à répandre le mien.
155 Vous n'aurez plus alors d'ennemis à soumettre,
D'obstacle à surmonter ni de crime à commettre,   120
Et n'ayant plus au Trône un fâcheux concurrent,
De tous les Criminels vous serez le plus grand.

ÉTÉOCLE

Hé bien, Madame, hé bien, il faut vous satisfaire[2],
160 Il faut sortir du Trône et couronner mon frère,
Il faut pour seconder votre injuste projet,
De son Roi que j'étais devenir son sujet ;
Et pour vous élever au comble de la joie,
Il faut à sa fureur que je me livre en proie,
165 Il faut par mon trépas[3]...

JOCASTE

                Ah Ciel! quelle rigueur,
Que vous pénétrez mal dans le fond de mon cœur!   130
Je ne demande pas que vous quittiez l'Empire[1],
Régnez toujours, mon Fils, c'est ce que je désire.
Mais si tant de malheurs vous touchent de pitié,
170 Si pour moi votre cœur garde quelque amitié[2];
Et si vous prenez soin de votre gloire même,
Associez un Frère à cet honneur suprême;
Ce n'est qu'un vain éclat qu'il recevra de vous,
Votre règne en sera plus puissant et plus doux.
175 Les Peuples admirant cette vertu sublime,
Voudront toujours pour Prince un Roi si magnanime,
Et cet illustre effort, loin d'affaiblir vos droits,
Vous rendra le plus juste et le plus grand des Rois.
Ou s'il faut que mes vœux vous trouvent inflexible,
180 Si la Paix à ce prix vous paraît impossible,
Et que le Diadème ait[3] pour vous tant d'attraits,
Au moins consolez-moi de quelque heure de Paix[4],
Accordez quelque trêve à ma douleur amère[5],
Et cependant, mon Fils, j'irai voir votre Frère,
185 La pitié dans son âme aura peut-être lieu,
Ou du moins pour jamais j'irai lui dire Adieu.   150
Dès ce même moment permettez que je sorte,
J'irai jusqu'à sa tente, et j'irai sans escorte,
Dans cette occasion rien ne peut m'émouvoir[6-7].

ÉTÉOCLE

190 Madame, sans sortir vous le pouvez bien voir[8-9].
Et si cette entrevue a pour vous tant de charmes,
Il ne tiendra qu'à lui de suspendre nos armes,
Vous pouvez dès cette heure accomplir vos souhaits,
Et le faire venir jusque dans ce Palais.
195 Je ferai plus encore[10], et pour faire connaître,

Qu'il a tort en effet de me nommer un traître,   160
Et que je ne suis pas un tyran odieux,
Que l'on fasse parler et le Peuple et les Dieux.
Si le Peuple le veut[1], je lui cède ma place[2],
200 Mais qu'il se rende aussi[3] si le Peuple le chasse,
Je ne force personne, et j'engage ma foi
De laisser aux Thébains à se choisir un Roi.

SCÈNE IV

JOCASTE, ÉTÉOCLE, ANTIGONE,
CRÉON, OLYMPE

CRÉON, *au Roi*[4].

Seigneur, votre sortie a mis tout en alarmes,
Thèbes qui croit vous perdre est déjà toute en larmes,
205 L'épouvante et l'horreur règnent de toutes parts,
Et le Peuple effrayé tremble sur ses remparts.   170

ÉTÉOCLE

Cette vaine frayeur sera bientôt calmée.
Madame, je m'en vais retrouver mon Armée,
Cependant vous pouvez accomplir vos souhaits,
210 Faire entrer Polynice, et lui parler de Paix.
Créon, la Reine ici commande en mon absence,
Disposez tout le monde à son obéissance,
Laissez pour recevoir et pour donner ses lois,
Votre Fils Ménécée, et j'en ai fait le choix.
215 Comme il a de l'honneur autant que du courage[5],
Ce choix aux Ennemis ôtera tout ombrage,   180
Et sa vertu suffit pour les rendre assurés,
Commandez-lui, Madame.   *à Créon.*
                    Et vous, vous me suivrez.

CRÉON

Quoi Seigneur…

ÉTÉOCLE

Oui, Créon, la chose est résolue.

CRÉON

220 Et vous quittez ainsi la puissance absolue?

ÉTÉOCLE

Que je la quitte ou non ne vous tourmentez pas,
Faites ce que j'ordonne, et venez sur mes pas.

SCÈNE V

JOCASTE, ANTIGONE, CRÉON, OLYMPE

CRÉON

Qu'avez-vous fait, Madame, et par quelle conduite[1],
Forcez-vous un Vainqueur à prendre ainsi la fuite?
225 Ce conseil[2] va tout perdre.

JOCASTE

Il va tout conserver,
Et par ce seul conseil Thèbes se peut sauver.   190

CRÉON

Et quoi, Madame, et quoi, dans l'état où nous sommes,
Lorsqu'avec un renfort de plus de six mille hommes,
La Fortune promet toute chose aux Thébains,
230 Le Roi se laisse ôter la Victoire des mains[3]?

JOCASTE

La Victoire, Créon, n'est pas toujours si belle,
La honte et les remords vont souvent après elle,
Quand deux Frères armés vont s'égorger entre eux,
Ne les pas séparer, c'est les perdre tous deux.
235 Peut-on faire au Vainqueur une injure plus noire,
Que lui laisser gagner une telle Victoire ?　　　200

CRÉON

Leur courroux est trop grand…

JOCASTE

Il peut être adouci.

CRÉON

Tous deux veulent régner.

JOCASTE

Ils régneront aussi.

CRÉON

On ne partage point la grandeur souveraine ;
240 Et ce n'est pas un bien qu'on quitte et qu'on reprenne.

JOCASTE

L'intérêt de l'État leur servira de Loi.

CRÉON

L'intérêt de l'État est de n'avoir qu'un Roi,
Qui d'un ordre constant gouvernant ses Provinces,
Accoutume à ses Lois et le Peuple et les Princes[1].
245 Ce règne interrompu de deux Rois différents,
En lui donnant deux Rois lui donne deux tyrans.　　　210
Vous les verriez toujours l'un à l'autre contraire,

Détruire aveuglément ce qu'aurait fait un Frère,
L'un sur l'autre toujours former quelque attentat[1],
250 Et changer tous les ans la face de l'État.
Ce terme limité que l'on veut leur prescrire,
Accroît leur violence en bornant leur Empire,
Tous deux feront gémir les Peuples tour à tour,
Pareils à ces torrents qui ne durant[2] qu'un jour,
255 Plus leur cours est borné, plus ils font de ravage,
Et par de grands dégâts signalent[3] leur passage[4].   220

JOCASTE

On les verrait plutôt par de nobles projets,
Se disputer tous deux l'amour de leurs sujets.
Mais avouez Créon, que toute votre peine,
260 C'est de voir que la Paix rend votre attente vaine,
Et qu'en vous éloignant du Trône où vous tendez,
Elle rend pour jamais vos desseins avortés[5].
Comme après mes enfants le droit de la naissance[6],
Fait tomber en vos mains la suprême puissance,
265 Le sang qui vous unit aux deux Princes mes Fils,
Vous fait trouver en eux vos plus grands ennemis :   230
Et votre ambition qui tend à leur Fortune[7],
Vous donne pour tous deux une haine commune ;
Vous inspirez au Roi vos conseils dangereux,
270 Et vous en servez un pour les perdre tous deux[8].

CRÉON

Je ne me repais point de pareilles chimères,
Mes respects pour le Roi sont ardents et sincères,
Et mon ambition est de le maintenir
Au Trône où vous croyez que je veux parvenir.
275 Le soin de sa grandeur est le seul qui m'anime,
Je hais ses ennemis, et c'est là tout mon crime ;   240
Je ne m'en cache point, mais à ce que je vois,
Chacun n'est pas ici criminel comme moi.

JOCASTE

Tant que pour ennemi le Roi n'aura qu'un Frère,
280 Sa personne, Créon, me sera toujours chère[1].
De lâches Courtisans peuvent bien le haïr,
Mais une Mère enfin ne peut pas se trahir.

ANTIGONE

Vos intérêts ici sont conformes aux nôtres,
Les ennemis du Roi ne sont pas tous les vôtres ;
285 Créon, vous êtes Père, et dans ces ennemis,
Peut-être songez-vous que vous avez un Fils ;
On sait de quelle ardeur Hémon sert Polynice[2].   250

CRÉON

Oui, je le sais, Madame, et je lui fais justice ;
Je le dois en effet distinguer du commun ;
290 Mais c'est pour le haïr encor plus que pas un ;
Et je souhaiterais dans ma juste colère,
Que chacun le haït comme le hait son Père.

ANTIGONE

Après tout ce qu'a fait la valeur de son bras,
Tout le monde en ce point ne vous ressemble pas.

CRÉON

295 Je le vois bien, Madame, et c'est ce qui m'afflige ;
Mais je sais bien à quoi sa révolte m'oblige,   260
Et tous ces beaux exploits qui le font admirer,
C'est ce qui me le fait justement abhorrer.
La honte suit toujours le parti des rebelles,
300 Leurs grandes actions sont les plus criminelles ;
Ils signalent leur crime en signalant leur bras,
Et la Gloire n'est point où les Rois ne sont pas[3].

ANTIGONE

Écoutez un peu mieux la voix de la Nature.

CRÉON

Plus l'offenseur m'est cher, plus je ressens l'injure[1].

ANTIGONE

305 Mais un Père à ce point doit-il être emporté ?
Vous avez trop de haine.

CRÉON

                    Et vous trop de bonté.   270
C'est trop parler, Madame, en faveur d'un rebelle.

ANTIGONE

L'innocence vaut bien que l'on parle pour elle.

CRÉON

Je sais ce qui le rend innocent à vos yeux.

ANTIGONE

310 Et je sais quel sujet vous le rend odieux.

CRÉON

L'amour a d'autres yeux que le commun des hommes.

JOCASTE

Vous abusez, Créon, de l'état où nous sommes,
Tout vous semble permis, mais craignez mon courroux,
Vos libertés enfin retomberaient sur vous.

ANTIGONE

315 L'intérêt du public agit peu sur son âme,
Et l'amour du pays nous cache une autre flamme[2],   280

Je la sais, mais, Créon, j'en abhorre le cours,
Et vous ferez bien mieux de la cacher toujours.

CRÉON

Je le ferai, Madame, et je veux par avance,
320 Vous épargner encor jusques à ma présence,
Aussi bien mes devoirs[1] redoublent vos mépris[2],
Et je vais faire place à ce bienheureux Fils.
Vous savez que le Roi m'appelle à son service[3],
Adieu, faites venir Hémon et Polynice.

JOCASTE

325 N'en doute pas, méchant, ils vont venir tous deux,
Tous deux ils préviendront tes desseins malheureux.   290

SCÈNE VI

JOCASTE, ANTIGONE, OLYMPE

ANTIGONE

Le perfide, à quel point son insolence monte !

JOCASTE

Ses superbes[4] discours tourneront à sa honte[5],
Bientôt si nos désirs sont exaucés des Cieux,
330 La Paix nous vengera de ces ambitieux[6].
Mais il faut se hâter, chaque heure nous est chère,
Appelons au plus vite[7] Hémon et votre Frère ;
Je suis pour ce dessein prête à leur accorder,
Toutes les sûretés qu'ils pourront demander.
335 Et toi, si mes malheurs ont lassé ta justice,
Ciel, dispose à la Paix le cœur de Polynice,   300
Seconde mes soupirs, donne force à mes pleurs,
Et comme il faut enfin, fais parler mes douleurs.

ANTIGONE, *demeurant un peu après sa Mère.*

Et si tu prends pitié d'une flamme innocente,
340 Ô Ciel! en ramenant Hémon à son Amante,
Ramène-le fidèle, et permets en ce jour,
Qu'en retrouvant l'Amant je retrouve l'Amour.

Fin du premier Acte.

ACTE II

SCÈNE PREMIÈRE

ANTIGONE, HÉMON

HÉMON

Hé quoi! vous me plaignez[1] votre aimable présence[2],
Après un an entier de supplice et d'absence[3],
345 Ne m'avez-vous, Madame, appelé près de vous,
Que pour m'ôter si tôt un bien qui m'est si doux?   310

ANTIGONE

Et voulez-vous si tôt que j'abandonne un Frère?
Ne dois-je pas au Temple accompagner ma Mère?
Et dois-je préférer, au gré de vos souhaits,
350 Le soin de votre amour à celui de la Paix?

HÉMON

Madame, à mon bonheur, c'est chercher trop d'ob-
[stacles;
Ils iront bien sans nous consulter les Oracles[4],
Permettez que mon cœur en voyant vos beaux yeux,
De l'état de son sort interroge ses Dieux[5].

355 Puis-je leur demander sans être téméraire,
    S'ils ont toujours pour moi leur douceur ordinaire ?   320
    Souffrent-ils sans courroux mon ardente amitié[1],
    Et du mal qu'ils ont fait ont-ils quelque pitié ?
    Durant le triste cours d'une absence cruelle,
360 Avez-vous souhaité que je fusse fidèle ?
    Songiez-vous que la mort menaçait loin de vous,
    Un Amant qui ne doit mourir qu'à vos genoux ?
    Ah ! d'un si bel Objet[2] quand une âme est blessée ;
    Quand un cœur jusqu'à vous élève sa pensée,
365 Qu'il est doux d'adorer tant de divins appas !
    Mais aussi que l'on souffre en ne les voyant pas !   330
    Un moment loin de vous me durait une année ;
    J'aurais fini cent fois ma triste destinée,
    Si je n'eusse songé jusques à mon retour,
370 Que mon éloignement vous prouvait mon amour ;
    Et que le souvenir de mon obéissance,
    Pourrait en ma faveur parler en son absence[3],
    Et que pensant à moi vous penseriez aussi
    Qu'il faut aimer beaucoup pour obéir ainsi.

ANTIGONE

375 Oui je prévoyais bien qu'une âme si fidèle[4]
    Trouverait dans l'absence une peine cruelle[5],   340
    Et si mes sentiments se doivent découvrir,
    Je souhaitais, Hémon, qu'elle vous fît souffrir,
    Et qu'étant loin de moi quelque ombre d'amertume,
380 Vous fît trouver les jours plus longs que de coutume.
    Mais ne vous plaignez pas, mon cœur chargé d'ennui[6],
    Ne vous souhaitait rien qu'il n'éprouvât en lui.
    Surtout depuis le temps que dure cette guerre,
    Et que de gens armés vous couvrez cette terre,
385 Ô Dieux ! à quels tourments mon cœur s'est vu soumis,
    Voyant des deux côtés ses plus tendres amis !   350
    Lorsqu'on se sent pressé d'une main inconnue,

On la craint sans réserve, on hait sans retenue,
Dans tous ces mouvements le cœur n'est pas contraint,
390 Et se sent soulagé de haïr ce qu'il craint.
Mais voyant attaquer mon pays et mon Frère,
La main qui l'attaquait ne m'était pas moins chère ;
Mon cœur qui ne voyait que mes Frères et vous,
Ne haïssait personne, et je vous craignais tous[1].
395 Mille objets de douleur déchiraient mes entrailles,   351
J'en voyais et dehors et dedans nos murailles,
Chaque assaut à mon cœur livrait mille combats,
Et mille fois le jour je souffrais le trépas.

HÉMON

Mais enfin qu'ai-je fait en ce malheur extrême,
400 Que ne m'ait ordonné ma Princesse elle-même ?
J'ai suivi Polynice, et vous l'avez voulu,
Vous me l'avez prescrit par un ordre absolu.
Je lui vouai dès lors une amitié sincère,
Je quittai mon Pays, j'abandonnai mon Père,   360
405 Sur moi par ce départ j'attirai son courroux,
Et pour tout dire, enfin, je m'éloignai de vous.

ANTIGONE

Je m'en souviens, Hémon, et je vous fais justice,
C'est moi que vous serviez en servant Polynice[2] ;
Il m'était cher alors comme il est aujourd'hui,
410 Et je prenais pour moi ce qu'on faisait pour lui.
Nous nous aimions tous deux dès la plus tendre
                                            [enfance,
Et j'avais sur son cœur une entière puissance ;
Je trouvais à lui plaire une extrême douceur,
Et les chagrins du Frère étaient ceux de la Sœur.   370
415 Je le chéris toujours, encore qu'il m'oublie[3].

HÉMON

Non non son amitié ne s'est point affaiblie,
Il vous chérit encor, mais ses yeux ont appris,
Que mon amour pour vous est bien d'un autre prix.
Quoique son amitié surpasse l'ordinaire,
420 Il voit combien l'Amant l'emporte sur le Frère.
Et qu'auprès de l'amour dont je ressens l'ardeur,
La plus forte amitié n'est au plus que tiédeur[1].

ANTIGONE

Mais enfin si sur lui j'avais le moindre empire[2],   371
Il aimerait la Paix, pour qui mon cœur soupire,
425 Notre commun malheur en serait adouci;
Je le verrais, Hémon, vous me verriez aussi.

HÉMON

De cette affreuse guerre il abhorre l'image,
Je l'ai vu soupirer de douleur et de rage,
Lorsque pour remonter au Trône paternel,
430 On le força de prendre un chemin si cruel.
Espérons que le Ciel touché de nos misères,
Achèvera bientôt de réunir les Frères;   380
Puisse-t-il rétablir l'amitié dans leur cœur,
Et conserver l'amour dans celui de la Sœur!

ANTIGONE

435 Hélas! ne doutez point que ce dernier ouvrage,
Ne lui soit plus aisé que de calmer leur rage;
Je les connais tous deux, et je répondrais bien,
Que leur cœur cher Hémon, est plus dur que le mien.
Mais les Dieux quelquefois font de plus grands miracles.

SCÈNE II

ANTIGONE, HÉMON, OLYMPE

ANTIGONE

440 Hé bien apprendrons-nous ce qu'ont dit les Oracles ?
Que faut-il faire ?

OLYMPE

Hélas !

ANTIGONE

Quoi ? Qu'en a-t-on appris ?
Est-ce la Guerre, Olympe ?

OLYMPE

Ah ! c'est encore pis.   390

HÉMON

Quel est donc ce grand mal que leur courroux
[annonce ?

OLYMPE

Prince pour en juger écoutez leur réponse.
445   Thébains pour n'avoir plus de guerres,
          Il faut par un ordre fatal,
          Que le dernier du sang Royal,
          Par son trépas ensanglante vos terres[1].

ANTIGONE

Ô Dieux ! que vous a fait ce sang infortuné,
450 Et pourquoi tout entier l'avez-vous condamné ?
N'êtes-vous pas contents de la mort de mon Père,
Tout notre sang doit-il subir[2] votre colère ?   400

HÉMON

Madame, cet Arrêt ne vous regarde pas,
Votre vertu vous met à couvert du trépas.
455 Les Dieux savent trop bien connaître l'innocence.

ANTIGONE

Et ce n'est pas pour moi que je crains leur vengeance,
Mon innocence, Hémon, serait un faible appui,
Fille d'Œdipe, il faut que je meure pour lui.
Je l'attends, cette mort, et je l'attends sans plaintes,
460 Et s'il faut avouer le sujet de mes craintes[1],
C'est pour vous que je crains. Oui, cher Hémon, pour
[vous[2],
De ce sang malheureux vous sortez comme nous ;   410
Et je ne vois que trop que le courroux céleste,
Vous rendra comme à nous cet honneur bien funeste,
465 Et fera regretter aux Princes des Thébains,
De n'être pas sortis du dernier des humains.

HÉMON

Peut-on se repentir d'un si grand avantage ?
Un si noble trépas flatte trop mon courage,
Et du sang de ses Rois il est beau d'être issu,
470 Dût-on rendre ce sang sitôt qu'on l'a reçu.

ANTIGONE

Et quoi si parmi nous on a fait quelque offense,
Le Ciel doit-il sur vous en prendre la vengeance,   420
Et n'est-ce pas assez du Père et des enfants,
Sans qu'il aille plus loin chercher des innocents ?
475 C'est à nous à payer pour les crimes des nôtres,
Punissez-nous grands Dieux, mais épargnez les autres.
Mon Père, cher Hémon, vous va perdre aujourd'hui,
Et je vous perds peut-être encore plus que lui.

Le Ciel punit sur vous, et sur votre famille,
480 Et les crimes du Père et l'amour de la Fille,
Et ce funeste amour vous nuit encore plus,
Que les crimes d'Œdipe et le sang de Laïus[1]. 430

HÉMON

Quoi mon amour, Madame ? Et qu'a-t-il de funeste ?
Est-ce un crime qu'aimer une beauté céleste ?
485 Et puisque sans colère il est reçu de vous,
En quoi peut-il du Ciel mériter le courroux ?
Vous seule en mes soupirs êtes intéressée,
C'est à vous à juger s'ils vous ont offensée,
Tels que seront pour eux vos Arrêts tout-puissants,
490 Ils seront criminels ou seront innocents. 438
Aussi quand jusqu'à vous j'osai porter ma flamme,
Vos yeux seuls imprimaient la terreur dans mon âme,
Et je craignais bien plus d'offenser vos appas,
Que le courroux des Dieux que je n'offensais pas[2].

ANTIGONE

495 Autant que votre amour votre erreur est extrême[3],
Et vous les offensiez beaucoup plus que moi-même ;
Quelque rigueur pour vous qui parût en mes yeux,
Hélas ! ils approuvaient ce qui fâchait les Dieux.
Oui, ces Dieux ennemis de toute ma famille,
500 Aussi bien que le Père en détestaient la Fille,
Vous aimâtes, Hémon, l'objet de leur courroux,
Et leur haine pour moi s'étendit jusqu'à vous.
C'est là de vos malheurs le funeste principe,
Fuyez, Hémon, fuyez de la Fille d'Œdipe,
505 Tâchez de n'aimer plus, pour plaire aux immortels,
Et la Fille et la sœur de tant de Criminels.
Le crime en sa famille…

HÉMON

            Ah ! Madame leur crime,
Ne fait que relever votre vertu sublime,
Puisque par un effort dont les Dieux sont jaloux,
510 Vous brillez d'un éclat qui ne vient que de vous[1].
Que le Ciel à son gré de ma perte dispose,   439
J'en chérirai toujours et l'une et l'autre cause,
Glorieux de mourir pour le sang de mes Rois,
Et plus heureux encor de mourir sous vos lois.   442
515 Plût aux Dieux seulement que votre amant fidèle[2],
Pût avoir de leur haine une cause nouvelle,
Et que pour vous aimer méritant leur courroux,
Il pût mourir encor pour être aimé de vous[3].
Aussi bien que ferais-je en ce commun naufrage,   443
520 Pourrais-je me résoudre à vivre davantage ?
En vain les Dieux voudraient différer mon trépas,
Mon désespoir ferait ce qu'ils ne feraient pas[4],
Mais peut-être en ce point[5] notre frayeur est vaine,
Attendons… Mais voici Polynice et la Reine.

SCÈNE III

JOCASTE, POLYNICE,
ANTIGONE, HÉMON

POLYNICE

525 Madame au nom des Dieux, cessez de m'arrêter,
Je vois bien que la Paix ne peut s'exécuter[6].   450
J'espérais que du Ciel la Justice infinie,
Voudrait se déclarer contre la tyrannie,
Et que lassé de voir tant répandre de sang[7],
530 Il rendrait à chacun son légitime rang[8].

Mais puisqu'ouvertement, il tient pour l'injustice,
Et que des criminels il se rend le complice,
Dois-je encore espérer qu'un Peuple révolté,
Quand le Ciel est injuste écoute l'équité ?
535 Dois-je prendre pour Juge une troupe insolente,   460
D'un fier usurpateur ministre violente[1],
Qui sert mon ennemi par un lâche intérêt,
Et qu'il anime encor tout éloigné qu'il est ?
La raison n'agit point sur une populace[2],
540 De ce Peuple déjà, j'ai ressenti l'audace,
Et loin de me reprendre après m'avoir chassé,
Il croit voir un tyran dans un Prince offensé.
Comme sur lui l'honneur n'eut jamais de puissance ;
Il croit que tout le monde aspire à la vengeance,
545 De ses inimitiés rien n'arrête le cours,
Quand il hait une fois il veut haïr toujours.   470

JOCASTE

Mais s'il est vrai, mon Fils, que ce Peuple vous craigne,
Et que tous les Thébains redoutent votre règne,
Pourquoi par tant de sang cherchez-vous à régner
550 Sur ce Peuple endurci que rien ne peut gagner ?

POLYNICE

Est-ce au Peuple, Madame, à se choisir un Maître ?
Sitôt qu'il hait un Roi doit-on cesser de l'être ?
Sa haine ou son amour sont-ce les premiers droits,
Qui font monter au Trône ou descendre les Rois ?
555 Que le Peuple à son gré nous craigne ou nous chérisse,
Le sang nous met au Trône, et non pas son caprice ;   480
Ce que le sang lui donne il le doit accepter,
Et s'il n'aime son Prince il le doit respecter[3].

JOCASTE

Vous serez un Tyran haï de vos Provinces.

POLYNICE

560 Ce nom ne convient pas aux légitimes Princes,
De ce titre odieux mes droits me sont garants,
Le haine des Sujets ne fait pas les Tyrans[1].
Appelez de ce nom Étéocle lui-même.

JOCASTE

Il est aimé de tous[2].

POLYNICE

C'est un tyran qu'on aime,
565 Qui par cent lâchetés tâche à se maintenir,
Au rang où par la force il a su parvenir[3],   490
Et son orgueil le rend par un effet contraire,
Esclave de son Peuple, et Tyran de son Frère[4],
Pour commander tout seul il veut bien obéir,
570 Et se fait mépriser pour me faire haïr.
Ce n'est pas sans sujet qu'on me préfère un traître[5],
Le Peuple aime un Esclave, et craint d'avoir un Maître :
Mais je croirais trahir la Majesté des Rois,
Si je faisais le Peuple arbitre de mes droits.

JOCASTE

575 Ainsi donc la discorde a pour vous tant de charmes ?
Vous lassez-vous déjà d'avoir posé les armes ?   500
Ne cesserons-nous point, après tant de malheurs,
Vous de verser du sang, moi de verser des pleurs ?
N'accorderez-vous rien aux larmes d'une Mère ?
580 Ma Fille, s'il se peut retenez votre Frère,
Le cruel pour vous seule avait de l'amitié.

ANTIGONE

Ah ! si pour vous son âme est sourde à la pitié,
Que pourrais-je espérer d'une amitié passée,

Qu'un long éloignement n'a que trop effacée ?
585 À peine en sa mémoire ai-je encor quelque rang,
Et son cœur n'aime plus[1] qu'à répandre du sang.　510
Ne cherchez plus en lui ce Prince magnanime,
Ce Prince qui montrait tant d'horreur pour le crime,
Dont l'âme généreuse avait tant de douceur,
590 Qui respectait sa Mère et chérissait sa Sœur.
La nature pour lui n'est plus qu'une chimère,
Il méconnaît sa Sœur, il méprise sa Mère,
Et l'ingrat en l'état où son orgueil l'a mis,
Nous croit des étrangers ou bien des ennemis.　518
595 Il revient, mais hélas ! c'est pour notre supplice,
Je ne vois point mon Frère, en voyant Polynice ;
En vain il se présente à mes yeux éperdus,
Je ne le connais point, il ne me connaît plus[2].

POLYNICE

N'imputez point ce crime à mon âme affligée,　519
600 Dites plutôt, ma Sœur, que vous êtes changée ;
Dites que de mon rang le lâche[3] usurpateur,
M'a su ravir encor l'amitié de ma Sœur.　522
De votre changement ce traître est le complice,
Parce qu'il me déteste, il veut qu'on me haïsse.
605 Aussi sans imiter votre exemple aujourd'hui[4],
Votre haine ne fait que m'aigrir contre lui[5].
Je vous connais toujours et suis toujours le même[6].　523

ANTIGONE

Est-ce m'aimer, cruel, autant que je vous aime,
Que d'être inexorable à mes tristes soupirs,
610 Et m'exposer encore à tant de déplaisirs ?

POLYNICE

Mais vous-même, ma Sœur, est-ce aimer votre Frère[7] ?
Que de lui faire enfin[8] cette injuste prière,

Et me vouloir ravir le Sceptre de la main ?
Dieux ! qu'est-ce qu'Étéocle a de plus inhumain[1] ?   530
615 C'est trop favoriser un tyran qui m'outrage.

ANTIGONE

Non non vos intérêts me touchent davantage,
Ne croyez pas mes pleurs perfides à ce point,
Avec vos Ennemis ils ne conspirent point.
Cette Paix, que je veux, me serait un supplice,
620 S'il en devait coûter le Sceptre à Polynice,
Et l'unique faveur, mon Frère, où je prétends,
C'est qu'il me soit permis de vous voir plus longtemps.
Seulement quelques jours souffrez que l'on vous voie[2],
Et donnez-nous le temps de chercher quelque voie   540
625 Qui puisse vous remettre au rang de vos aïeux,
Sans que vous répandiez un sang si précieux.
Pouvez-vous refuser cette grâce légère,
Aux larmes d'une Sœur, aux soupirs d'une Mère ?

JOCASTE

Mais quelle crainte encor vous peut inquiéter,
Pourquoi si promptement voulez-vous nous quitter ?
630 Ce jour-ci tout entier[3] n'est-il pas de la trêve,
Dès qu'elle a commencé faut-il qu'elle s'achève ?
Vous voyez qu'Étéocle a mis les armes bas,
Il veut que je vous voie, et vous ne voulez pas.   550

ANTIGONE

Oui, mon Frère, il n'est pas comme vous inflexible,
635 Aux larmes de sa Mère il a paru sensible,
Nos pleurs ont désarmé sa colère aujourd'hui[4],
Vous l'appelez tyran[5], vous l'êtes plus que lui.

HÉMON

Seigneur, rien ne vous presse, et vous pouvez sans
                                              [peine,

640 Laisser agir encor la Princesse et la Reine,
Accordez tout ce jour à leur pressant désir,
Voyons si leur dessein ne pourra réussir,
Ne donnez pas la joie au Prince votre Frère,
De dire que sans vous la Paix se pouvait faire[1],   560
645 Vous aurez satisfait une Mère, une Sœur,
Et vous aurez surtout satisfait votre honneur.
Mais que veut ce Soldat ? son âme est toute émue.

SCÈNE IV

JOCASTE, POLYNICE, ANTIGONE,
HÉMON, UN SOLDAT GREC[2]

UN SOLDAT GREC

Seigneur on est aux mains, et la trêve est rompue,
Et les Thébains conduits par Créon, et leur Roi[3],
650 Attaquent votre Armée et violent leur foi[4],
Le brave Hippomédon s'efforce en votre absence,
De soutenir leur choc de toute sa puissance[5],
Par son ordre, Seigneur, je vous viens avertir.

POLYNICE

Ah les traîtres ! Allons, Hémon, il faut sortir.   570

à la Reine,

655 Madame vous voyez comme il tient sa parole,
Mais il veut le combat, il m'attaque, et j'y vole.

JOCASTE

Polynice, Mon Fils... Mais il ne m'entend plus,
Aussi bien que mes pleurs mes cris sont superflus[6].
Chère Antigone allez, courez à ce Barbare[7],

660 Du moins allez prier Hémon qu'il les sépare[1],
Le courage me manque[2], et je n'y puis courir,
Tout ce que je puis faire, hélas! c'est de mourir.

Fin du second Acte.

ACTE III

SCÈNE PREMIÈRE

JOCASTE, OLYMPE

JOCASTE

Olympe, va-t'en voir ce funeste spectacle,
Va voir si leur fureur n'a point trouvé d'obstacle,   580
665 Si rien n'a pu toucher l'un ou l'autre parti,
On dit qu'à ce dessein Ménécée est sorti[1].

OLYMPE

Je ne sais quel dessein animait son courage,
Une héroïque ardeur brillait sur son visage[2],
Mais vous devez, Madame, espérer jusqu'au bout.

JOCASTE

670 Va tout voir, chère Olympe, et me viens dire tout.
Éclaircis promptement ma triste inquiétude.

OLYMPE

Mais vous dois-je laisser en cette solitude?

JOCASTE

Va, je veux être seule en l'état où je suis,
Si pourtant on peut l'être avecque[1] tant d'ennuis[2].   590

SCÈNE II

JOCASTE, *seule.*

675 Dureront-ils toujours ces ennuis si funestes?
N'épuiseront-ils point les vengeances célestes?
Me feront-ils souffrir tant de cruels trépas,
Sans jamais au tombeau précipiter mes pas?
Ô Ciel! que tes rigueurs seraient peu redoutables,
680 Si la foudre d'abord accablait les coupables,
Et que tes châtiments paraissent infinis,
Quand tu laisses la vie à ceux que tu punis!
Tu ne l'ignores pas, depuis le jour infâme[3],
Où de mon propre Fils je me trouvai la Femme,   600
685 Le moindre des tourments que mon cœur a soufferts,
Égale tous les maux que l'on souffre aux Enfers.
Et toutefois, ô Dieux, un crime involontaire,
Devait-il attirer toute votre colère[4]?
Le connaissais-je, hélas! ce Fils infortuné,
690 Lorsque dedans mes bras vous l'avez amené[5]?
C'est vous dont la rigueur m'ouvrit ce précipice.
Voilà de ces grands Dieux la suprême justice[6],
Jusques au bord du crime ils conduisent nos pas,
Ils nous le font commettre, et ne l'excusent pas.   610
695 Prennent-ils donc plaisir à faire des coupables,
Afin d'en faire après d'illustres misérables?
Et ne peuvent-ils point quand ils sont en courroux,
Chercher des criminels à qui le crime est doux?

SCÈNE III

JOCASTE, ANTIGONE

JOCASTE

Hé bien en est-ce fait? L'un ou l'autre perfide[1],
700 Vient-il d'exécuter son noble parricide? 616
D'un triomphe si beau vient-il de s'honorer?
Qui des deux dois-je plaindre, et qui dois-je abhorrer?
Ou n'ont-ils point tous deux en mourant sur la place,
Confirmé par leur sang la céleste menace[2-3]?
705 Parlez, parlez, ma Fille[4]?

ANTIGONE,

　　　　　　Ah! Madame, en effet, 617
L'Oracle est accompli, le Ciel est satisfait.

JOCASTE

Quoi mes deux Fils sont morts?

ANTIGONE

　　　　　　Un autre sang Madame,
Rend la Paix à l'État et le calme à votre âme : 620
Un sang digne des Rois dont il est découlé
710 Pour l'État et pour nous s'est lui-même immolé[5].
Je sortais[6] pour fléchir Hémon et Polynice,
Ils étaient déjà loin avant que je sortisse,
Je leur criais d'attendre et d'arrêter leurs pas;
Mais loin de s'arrêter ils ne m'entendaient pas[7].
715 Ils ont couru tous deux[8] vers le champ de bataille,
Et moi je suis montée au haut de la muraille[9],
D'où le Peuple étonné[10] regardait comme moi,
L'approche d'un combat qui le glaçait d'effroi. 630

À cet instant fatal le dernier de nos Princes[1],
720 L'honneur de notre sang, l'espoir de nos Provinces,
Ménécée en un mot digne Frère d'Hémon,
Et trop indigne aussi d'être Fils de Créon,
De l'amour du Pays montrant son âme atteinte,
Au milieu des deux camps est avancé[2] sans crainte,
725 Et se faisant ouïr des Grecs et des Thébains[3],
Arrêtez, a-t-il dit, *arrêtez inhumains.*
Ces mots impérieux n'ont point trouvé d'obstacle,
Les Soldats étonnés de ce nouveau spectacle,   640
De leur noire fureur ont suspendu le cours,
730 Et ce Prince aussitôt poursuivant son discours,
Apprenez, a-t-il dit, *l'arrêt des destinées,*
Par qui vous allez voir vos misères bornées,
Je suis le dernier sang de vos Rois descendu,
Qui par l'ordre des Dieux doit être répandu,
735 *Recevez donc ce sang que ma main va répandre,*
Et recevez la Paix où vous n'osiez prétendre.
Il se tait, et se frappe en achevant ces mots,
Et les Thébains voyant expirer ce Héros,   650
Comme si leur salut devenait leur supplice,
740 Regardent en tremblant ce noble Sacrifice.
J'ai vu le triste Hémon abandonner son rang
Pour venir embrasser ce Frère tout en sang.
Créon à son exemple a jeté bas les armes,
Et vers ce Fils mourant est venu tout en larmes,
745 Et l'un et l'autre camp les voyant retirés,
Ont quitté le combat et se sont séparés[4].
Et moi le cœur tremblant, et l'âme toute émue,
D'un si funeste objet j'ai détourné la vue,   660
De ce Prince admirant[5] l'héroïque fureur.

JOCASTE

750 Comme vous je l'admire, et j'en frémis d'horreur.
Est-il possible, ô Dieux, qu'après ce grand miracle,

Le repos des Thébains trouve encor quelque obstacle ?
Cet illustre trépas ne peut-il vous calmer,
Puisque même mes Fils s'en laissent désarmer ?
755 La refuserez-vous cette noble Victime ?
Si la vertu vous touche autant que fait le crime,
Si vous donnez les prix comme vous punissez,
Quels crimes par ce sang ne seront effacés ?   670

ANTIGONE

Oui, oui cette vertu sera récompensée,
760 Les Dieux sont trop payés du sang de Ménécée,
Et le sang d'un Héros auprès des Immortels,
Vaut seul plus que celui de mille criminels.   674
Ce sont eux dont la main suspend la barbarie,
De deux Camps animés d'une égale furie,
765 Et si de tant de sang ils n'étaient point lassés,
À leur bouillante rage ils les auraient laissés[1].

JOCASTE

Connaissez mieux du Ciel la vengeance fatale.   675
Toujours à ma douleur il met quelque intervalle[2],
Mais hélas ! quand sa main semble me secourir
770 C'est alors qu'il s'apprête à me faire périr.
Il a mis cette nuit quelque trêve[3] à mes larmes,
Afin qu'à mon réveil je visse tout en armes[4],   680
S'il me flatte aussitôt de quelque espoir de Paix,
Un Oracle cruel me l'ôte pour jamais.
775 Il m'amène mon Fils, il veut que je le voie,
Mais combien chèrement[5] me vend-il cette joie !
Ce Fils est insensible, et ne m'écoute pas,
Et soudain il me l'ôte et l'engage aux combats.
Ainsi toujours cruel, et toujours en colère,
780 Il feint de s'apaiser et devient plus sévère,
Il n'interrompt ses coups que pour les redoubler,
Et retire son bras pour me mieux accabler[6].   690

ANTIGONE

Madame, espérons tout de ce dernier miracle.

JOCASTE

La haine de mes Fils est un trop grand obstacle[1],   692
785 En vain tous les mortels s'épuiseraient le flanc,
Ils se veulent baigner dedans leur propre sang.
Tous deux voulant régner, il faut que l'un périsse,
L'un a pour lui le Peuple, et l'autre la Justice[2],
Polynice endurci n'écoute que ses droits,   693
790 Du Peuple et de Créon l'autre écoute la voix.
Oui du lâche Créon. Cette âme intéressée
Nous ôte tout le fruit[3] du sang de Ménécée,
En vain pour nous sauver ce grand Prince se perd,
Le Père nous nuit plus que le Fils ne nous sert.
795 De deux jeunes Héros cet infidèle Père…

ANTIGONE

Ah ! le voici, Madame, avec le Roi mon Frère.   700

SCÈNE IV[4]

JOCASTE, ÉTÉOCLE, ANTIGONE, CRÉON

JOCASTE

Mon Fils, c'est donc ainsi que l'on garde sa foi ?

ÉTÉOCLE

Madame ce combat n'est point venu de moi,
Mais de quelques Soldats, tant des Grecs que[5] des
                                                        [nôtres,
800 Qui s'étant querellés les uns avec les autres,

Ont insensiblement tout le corps ébranlé,
Et fait un grand combat d'un simple démêlé.
La bataille sans doute allait être cruelle,
Et son événement[1] vidait notre querelle,
805 Quand du Fils de Créon le funeste trépas,   710
Des Thébains et des Grecs a retenu le bras[2].
Ce Prince le dernier de la race Royale,
S'est appliqué des Dieux la réponse fatale,
Et lui-même à la mort il s'est précipité,
810 De l'amour du pays noblement transporté.

JOCASTE

Ah! si le seul amour qu'il eut pour sa patrie,
Le rendit insensible aux douceurs de la vie,
Mon Fils ce même amour ne peut-il seulement,
De votre ambition vaincre l'emportement?
815 Un exemple si beau vous invite à le suivre,
Il ne faudra cesser de régner ni de vivre.   720
Vous pouvez en cédant un peu de votre rang,
Faire plus qu'il n'a fait en versant tout son sang.
Il ne faut que cesser de haïr votre Frère,
820 Vous ferez beaucoup plus que sa mort n'a su faire.
Ô Dieux! aimer un Frère est-ce un plus grand effort,
Que de haïr la vie et courir à la mort?
Et doit-il être enfin plus facile en un autre,
De répandre son sang qu'en vous d'aimer le vôtre?

ÉTÉOCLE

825 Son illustre vertu me charme comme vous,
Et d'un si beau trépas je suis même jaloux.   730
Et toutefois, Madame, il faut que je vous die,
Qu'un trône est plus pénible à quitter que la vie;
La gloire bien souvent nous porte à la haïr,
830 Mais peu de Souverains font gloire d'obéir[3].
Les Dieux voulaient son sang, et ce Prince sans crime

Ne pouvait à l'État refuser sa Victime,
Mais ce même pays qui demandait son sang,
Demande que je règne et m'attache à mon rang.
835 Jusqu'à ce qu'il m'en ôte il faut que j'y demeure;
Il n'a qu'à prononcer, j'obéirai sur l'heure,   740
Et Thèbes me verra pour apaiser son sort,
Et descendre du Trône, et courir à la mort.

CRÉON

Ah! Ménécée est mort, le Ciel n'en veut point d'autre,
840 Faites servir son sang sans y joindre le vôtre[1],
Et puisqu'il l'a versé pour nous donner la Paix,
Accordez-la, Seigneur, à nos justes souhaits.

ÉTÉOCLE

Et quoi même Créon pour la Paix se déclare?

CRÉON

Pour avoir trop aimé cette guerre barbare,
845 Vous voyez les malheurs où le Ciel m'a plongé[2],
Mon Fils est mort, Seigneur.

ÉTÉOCLE

                          Il faut qu'il soit vengé.   750

CRÉON

Sur qui me vengerais-je en ce malheur extrême?

ÉTÉOCLE

Vos ennemis, Créon, sont ceux de Thèbes même,
Vengez-la, vengez-vous.

CRÉON

                  Ah! dans ces Ennemis[3]
850 Je trouve votre Frère, et je trouve mon Fils.

Dois-je verser mon sang, ou répandre le vôtre ?
Et dois-je perdre un Fils pour en venger un autre ?
Seigneur mon sang m'est cher, le vôtre m'est sacré,
Serai-je sacrilège ou bien dénaturé ?
855 Souillerai-je ma main d'un sang que je révère,
Serai-je parricide, afin d'être bon Père ?   760
Un si cruel secours ne me peut soulager,
Et ce serait me perdre au lieu de me venger.
Tout le soulagement où ma douleur aspire,
860 C'est qu'au moins mes malheurs servent à votre
                                              [Empire[1],
Je me consolerai si ce Fils que je plains,
Assure par sa mort le repos des Thébains.
Le Ciel promet la Paix au sang de Ménécée,
Achevez-la, Seigneur, mon Fils l'a commencée,
865 Accordez-lui ce prix qu'il en a prétendu,
Et que son sang en vain ne soit pas répandu.   770

JOCASTE

Non, puisqu'à nos malheurs vous devenez sensible,
Au sang de Ménécée il n'est rien d'impossible[2],
Que Thèbes se rassure après ce grand effort,
870 Puisqu'il change votre âme, il changera son sort.
La Paix dès ce moment n'est plus désespérée,
Puisque Créon la veut je la tiens assurée,
Bientôt ces cœurs de fer se verront adoucis,
Le vainqueur de Créon peut bien vaincre mes Fils.

                                          à Étéocle.

875 Qu'un si grand changement vous désarme et vous
                                              [touche,
Quittez mon Fils, quittez cette haine farouche,   780
Soulagez une Mère, et consolez Créon,
Rendez-moi Polynice, et lui rendez Hémon.

ÉTÉOCLE

Mais enfin, c'est vouloir que je m'impose un Maître,
880 Vous ne l'ignorez pas, Polynice veut l'être ;
Il demande surtout le pouvoir Souverain,
Et ne reviendra pas[1] que le Sceptre à la main.

SCÈNE V

JOCASTE, ÉTÉOCLE, ANTIGONE,
CRÉON, ATTALE

ATTALE

Polynice, Seigneur, demande une entrevue ;
C'est ce que d'un Héraut nous apprend la venue ;
885 On ne dit pas pourquoi ; mais il s'engage aussi,
De vous attendre au Camp, ou de venir ici.   790

CRÉON

Sans doute qu'il est las d'une guerre si lente[2],
Et son ambition n'est plus si violente,
Par ce dernier combat il apprend aujourd'hui,
890 Que vous êtes au moins aussi puissant que lui.
Les Grecs mêmes sont las de servir sa colère,
Et j'ai su depuis peu que le Roi son beau-père,
Préférant à la guerre un solide repos,
Se réserve Mycène, et le fait Roi d'Argos[3].
895 Tout courageux qu'il est, sans doute il ne souhaite,
Que de faire en effet une honnête retraite[4],   800
Puisqu'il s'offre à vous voir croyez qu'il veut la Paix[5],
Ce jour la doit conclure, ou la rompre à jamais.
Tâchez dans ce dessein de l'affermir vous-même,
900 Et lui promettez tout hormis le Diadème.

ÉTÉOCLE

Hormis le Diadème il ne demande rien.

JOCASTE

Mais voyez-le du moins.

CRÉON

Oui puisqu'il le veut bien,
Vous ferez plus tout seul que nous ne saurions faire,
Et le sang reprendra son empire ordinaire.

ÉTÉOCLE

905 Allons donc le chercher.

JOCASTE

Mon Fils, au nom des Dieux,
Attendez-le plutôt, et voyez-le en[1] ces lieux[2].   810

ÉTÉOCLE

Hé bien, Madame, hé bien qu'il vienne, et qu'on lui
[donne
Toutes les sûretés qu'il faut pour sa personne,
Allons.

ANTIGONE

Ah ! si ce jour rend la Paix aux Thébains,
910 Elle sera, Créon, l'ouvrage de vos mains.

SCÈNE VI

CRÉON, ATTALE

CRÉON

L'Intérêt des Thébains n'est pas ce qui vous touche,
Dédaigneuse Princesse, et cette âme farouche,
Qui semble me flatter après tant de mépris,
Songe moins à la Paix qu'au retour de mon Fils.
915 Mais nous verrons bientôt si la fière Antigone,
Aussi bien que mon cœur dédaignera le Trône,　　820
Nous verrons quand les Dieux m'auront fait votre Roi,
Si ce Fils bienheureux l'emportera sur moi.

ATTALE

Et qui n'admirerait un changement si rare,
920 De voir que ce grand cœur pour la Paix se déclare[1].

CRÉON

Tu crois donc que la Paix est l'objet de mes soins.

ATTALE

Oui je le crois, Seigneur, quand j'y pensais le moins.
Et voyant qu'en effet ce beau soin vous anime,
J'admire à tous moments cet effort magnanime,
925 Qui vous fait mettre enfin votre haine au tombeau ;
Ménécée en mourant n'a rien fait de plus beau,　　830
Et qui peut immoler sa haine à sa Patrie,
Lui pourrait bien aussi sacrifier sa vie[2].

CRÉON

Ah ! sans doute qui peut d'un généreux[3] effort,
930 Aimer son ennemi peut bien aimer la mort[4],　　834

Et j'abandonnerais avec bien moins de peine,
Le soin de mon salut que celui de ma haine ;
J'assurerais ma gloire en courant au trépas.
Mais on la perd, Attale, en ne se vengeant pas[1].
935 Quoi je négligerais le soin de ma vengeance ?   835
Et de mon Ennemi je prendrais la défense ?
De la mort de mon Fils Polynice est l'Auteur,
Et moi je deviendrais son lâche Protecteur ?
Quand je renoncerais à cette haine extrême,
940 Pourrais-je bien cesser d'aimer le Diadème ?   840
Non non tu me verras d'une constante ardeur,
Haïr mes ennemis et chérir ma grandeur.
Le Trône fit toujours mes ardeurs les plus chères ;
Je rougis d'obéir où régnèrent mes Pères,
945 Tout mon Sang me conduit[2] au rang de mes Aïeux,
Et je l'envisageai dès que j'ouvris les yeux[3].
Surtout depuis deux ans[4] ce noble soin m'inspire,
Je ne fais point de pas qui ne tende à l'Empire[5],
Des Princes mes neveux j'entretiens la fureur,
950 Et mon ambition autorise la leur.   850
D'Étéocle d'abord j'appuyai l'injustice,
Je lui fis refuser l'Empire à Polynice[6],
Tu sais que je pensais dès lors à m'y placer,
Et je le mis au Trône[7] afin de l'en chasser.

ATTALE

955 Mais Seigneur si la Guerre eut pour vous tant de
                                        [charmes,
D'où vient que de leurs mains vous arrachez les armes,
Et puisque leur discorde est l'objet de vos vœux,
Pourquoi par vos conseils s'embrassent-ils tous deux[8] ?

CRÉON

Plus qu'à mes Ennemis la Guerre m'est mortelle,
960 Et le courroux du Ciel me la rend trop cruelle ;   860

Il s'arme contre moi de mon propre dessein,
Il se sert de mon bras pour me percer le sein.
La Guerre s'allumait lorsque pour mon supplice,
Hémon m'abandonna pour suivre Polynice[1],
965 Les deux Frères par moi devinrent Ennemis,
Et je devins, Attale, Ennemi de mon Fils.
Enfin ce même jour je fais rompre la trêve,
J'excite le Soldat, tout le Camp se soulève,
On se bat et voilà qu'un Fils désespéré,
970 Meurt et rompt un combat que j'ai tant préparé.   870
Mais il me reste un Fils, et je sens que je l'aime,
Tout rebelle qu'il est, et tout mon Rival même[2],
Sans le perdre je veux perdre mes Ennemis,
Il m'en coûterait trop, s'il m'en coûtait deux Fils.
975 Des deux Princes d'ailleurs[3] la haine est trop puissante[4],
Ne crois pas qu'à la Paix jamais elle consente;
Moi-même je saurai si bien l'envenimer,
Qu'ils périront tous deux plutôt que de s'aimer.
Les autres Ennemis n'ont que de courtes haines,
980 Mais quand de la Nature on a brisé les chaînes,   880
Cher Attale, il n'est rien qui puisse réunir,
Ceux que des nœuds si forts n'ont pas su retenir.
L'on hait avec excès lorsque l'on hait un Frère.
Mais leur éloignement ralentit leur colère,
985 Quelque haine qu'on ait pour un fier Ennemi[5],
Quand il est loin de nous on la perd à demi.
Ne t'étonne donc plus si je veux qu'ils se voient;
Je veux qu'en se voyant leurs fureurs se déploient,
Que rappelant leur haine au lieu de la chasser,
990 Ils s'étouffent, Attale, en voulant s'embrasser[6].   890

ATTALE

Vous n'avez plus, Seigneur, à craindre que vous-même,
On porte ses remords avec le Diadème.

CRÉON

Quand on est sur le Trône on a bien d'autres soins,
Et les remords sont ceux qui nous pèsent le moins.
995 Du plaisir de régner une âme possédée,
De tout le temps passé détourne son idée,
Et de tout autre objet un Esprit éloigné,
Croit n'avoir point vécu tant qu'il n'a point régné.
Mais allons, le remords n'est pas ce qui me touche,
1000 Et je n'ai plus un cœur que le crime effarouche,   900
Tous les premiers forfaits coûtent quelques efforts,
Mais, Attale, on commet les seconds sans remords.

Fin du troisième Acte.

ACTE IV

SCÈNE PREMIÈRE

ÉTÉOCLE, CRÉON

ÉTÉOCLE

Oui, Créon, c'est ici qu'il doit bientôt se rendre,
Et tous deux en ce lieu nous le pouvons attendre,
1005 Nous verrons ce qu'il veut, mais je répondrais bien,
Que par cette entrevue on n'avancera rien.
Je sais que Polynice est une humeur altière[1],
Je sais bien que sa haine est encor toute entière,
Je ne crois pas qu'on puisse en arrêter le cours,
1010 Et pour moi je sens bien que je le hais toujours.   910

CRÉON

Mais s'il vous cède enfin la grandeur Souveraine,
Vous devez ce me semble apaiser votre haine.

ÉTÉOCLE

Je ne sais si mon cœur s'apaisera jamais,
Ce n'est pas son orgueil, c'est lui seul que je hais.
1015 Nous avons l'un et l'autre une haine obstinée,

Elle n'est pas, Créon, l'ouvrage d'une année,
Elle est née avec nous, et sa noire fureur,
Aussitôt que la vie entra dans notre cœur.
Nous étions ennemis dès la plus tendre enfance[1],
1020 Et déjà nous l'étions avecque violence,   920
Nous le sommes au Trône aussi bien qu'au berceau,
Et le serons peut-être encor dans le Tombeau[2].   926
On dirait que le Ciel par un arrêt funeste,
Voulut de nos parents venger ainsi l'inceste[3],
1025 Et que dans notre Sang il voulut mettre au jour
Tout ce qu'a de plus noir[4] et la haine et l'amour,   930
Et maintenant, Créon, que j'attends sa venue,
Ne crois pas que pour lui ma haine diminue[5],
Plus il approche, et plus il allume ses feux[6],
1030 Et sans doute il faudra qu'elle éclate à ses yeux.
J'aurais même regret qu'il me quittât l'Empire,
Il faut, il faut qu'il fuie, et non qu'il se retire[7],
Je ne veux point, Créon, le haïr à moitié,
Et je crains son courroux moins que son amitié.
1035 Je veux pour donner cours à mon ardente haine,
Que sa fureur au moins autorise la mienne,   940
Et puisqu'enfin mon cœur ne saurait se trahir,
Je veux qu'il me déteste afin de le haïr.
Tu verras que sa rage est encore la même,
1040 Et que toujours son cœur aspire au Diadème[8],
Qu'il m'abhorre toujours, et veut toujours régner,
Et qu'on peut bien le vaincre et non pas le gagner.

CRÉON

Domptez-le donc, Seigneur, s'il demeure inflexible[9],
Quelque fier qu'il puisse être il n'est pas invincible,
1045 Et puisque la raison ne peut rien sur son cœur,
Éprouvez ce que peut un bras toujours vainqueur.   950
Oui, quoique dans la Paix, je trouvasse des charmes,
Je serai le premier à reprendre les armes,

Et si je demandais qu'on en rompît le cours,
1050 Je demande encor plus que vous régniez toujours.
Que la Guerre s'enflamme et jamais ne finisse,
La Paix est trop cruelle avecque Polynice[1],
Sa présence[2] aigrirait ses charmes les plus doux,
Et la guerre, Seigneur, nous plaît avecque vous[3].   958
1055 La rage d'un Tyran est une affreuse Guerre,
Tout ce qui lui déplaît, il le porte par terre,
Du plus beau de leur sang il prive les États,
Et ses moindres rigueurs sont d'horribles combats[4].
Tout le Peuple Thébain vous parle par ma bouche[5],   959
1060 Ne le soumettez pas à ce Prince farouche,
Si la Paix se peut faire il la veut comme moi,
Surtout, si vous l'aimez, conservez-lui son Roi.
Cependant écoutez le Prince votre Frère,
Et s'il se peut, Seigneur, cachez votre colère.
1065 Mais quelqu'un vient.

SCÈNE II

ÉTÉOCLE, CRÉON, ATTALE

ÉTÉOCLE

Hé bien, sont-ils bien près d'ici[6]?
Vont-ils venir Attale?

ATTALE

Oui, Seigneur, les voici.
Ils ont trouvé d'abord la Princesse, et la Reine,
Et bientôt ils seront dans la chambre prochaine.

ÉTÉOCLE

Qu'ils entrent. Cette approche excite mon courroux.
1070 Qu'on hait un ennemi quand il est près de nous!   970

CRÉON

Ah ! le voici. Fortune achève mon ouvrage,
Et livre-les tous deux aux transports de leur rage.

SCÈNE III

JOCASTE, ÉTÉOCLE, POLYNICE,
ANTIGONE, CRÉON, HÉMON[1]

JOCASTE

Me voici donc tantôt au comble de mes vœux,
Puisque déjà le Ciel vous rassemble tous deux.
1075 Vous revoyez un Frère, après deux ans d'absence[2],
Dans ce même Palais où vous prîtes naissance,
Et moi par un bonheur où je n'osais penser,
L'un et l'autre à la fois je vous puis embrasser.
Commencez donc, mes Fils, cette union si chère,
1080 Et que chacun de vous reconnaisse son Frère,   980
Tous deux dans votre Frère envisagez vos traits ;
Mais pour en mieux juger voyez-les de plus près.
Surtout que le Sang parle et fasse son office[3],
Approchez Étéocle, avancez Polynice.
1085 Hé ! quoi[4] ? Loin d'approcher vous reculez tous deux ?
D'où vient ce sombre accueil, et ces regards fâcheux ?
N'est-ce point que chacun d'une âme irrésolue,
Pour saluer son Frère, attend qu'il le salue,
Et qu'affectant l'honneur de céder le dernier,
1090 L'un ni l'autre ne veut s'embrasser le premier[5] ?   990
Étrange ambition qui n'aspire qu'au crime,
Où le plus furieux passe pour magnanime !
Le vainqueur doit rougir en ce combat honteux,
Et les premiers vaincus sont les plus généreux[6].

1095 Voyons donc qui des deux aura plus de courage,
Qui voudra le premier triompher de sa rage.
Quoi vous n'en faites rien ? C'est à vous d'avancer,
Et venant de si loin vous devez commencer ;
Commencez, Polynice, embrassez votre Frère,
1100 Et montrez...

ÉTÉOCLE

Hé ! Madame, à quoi bon ce mystère ?   1000
Tous ces embrassements ne sont guère à propos,
Qu'il parle, qu'il s'explique et nous laisse en repos.

POLYNICE

Quoi faut-il davantage expliquer mes pensées ?
On les peut découvrir par les choses passées,
1105 La guerre, les combats, tant de sang répandu,
Tout cela dit assez que le Trône m'est dû.

ÉTÉOCLE

Et ces mêmes combats, et cette même Guerre,
Ce sang qui tant de fois a fait rougir la Terre,
Tout cela dit assez que le Trône est à moi,
1110 Et tant que je respire il ne peut être à toi.   1010

POLYNICE

Tu sais qu'injustement tu remplis cette place.

ÉTÉOCLE

L'injustice me plaît pourvu que je t'en chasse.

POLYNICE

Si tu n'en veux sortir, tu pourras en tomber.

ÉTÉOCLE

Si je tombe, avec moi tu pourras succomber.

JOCASTE

1115 Ô Dieux! que je me vois cruellement déçue[1]!
N'avais-je tant pressé cette fatale vue,
Que pour les désunir encor plus que jamais?
Ah! mes Fils, est-ce là comme on parle de Paix[2].
Quittez, au nom des Dieux, ces tragiques pensées,
1120 Ne renouvelez point vos discordes passées,   1020
Vous n'êtes pas ici dans un champ inhumain.
Est-ce moi qui vous mets les armes à la main?
Considérez ces lieux où vous prîtes naissance.
Leur aspect sur vos cœurs n'a-t-il point de puissance?
1125 C'est ici que tous deux vous reçûtes le jour,
Tout ne vous parle ici que de Paix et d'amour.
Ces Princes, votre Sœur, tout condamne vos haines,
Enfin moi qui pour vous pris toujours tant de peines,
Qui pour vous réunir immolerais[3]… Hélas,
1130 Ils détournent la tête, et ne m'écoutent pas.
Tous deux pour s'attendrir ils ont l'âme trop dure,
Ils ne connaissent plus la voix de la Nature[4],   1032
La fière ambition qui règne dans leur cœur
N'écoute de conseils que ceux de la fureur.
1135 Leur Sang même infecté de sa funeste haleine,
Ou ne leur parle plus, ou leur parle de haine[5].

à Polynice.

Et vous que je croyais plus doux et plus soumis…   1033

POLYNICE

Je ne veux rien de lui que ce qu'il m'a promis.
Il ne saurait régner sans se rendre parjure.

JOCASTE

1140 Une extrême justice est souvent une injure[6].
Le Trône vous est dû, je n'en saurais douter,

Mais vous le renversez en voulant y monter.
Ne vous lassez-vous point de cette affreuse guerre ?
Voulez-vous sans pitié désoler cette terre,   1040
1145 Détruire cet Empire afin de le gagner[1] ?
Est-ce dessus des morts[2] que vous voulez régner ?
Thèbes avec raison craint le règne d'un Prince,
Qui de fleuves de sang inonde sa Province,
Voudrait-elle obéir à votre injuste Loi ?
1150 Vous êtes son tyran avant qu'être son Roi.
Dieux ! si devenant Grand souvent on devient pire,
Si la vertu se perd quand on gagne l'Empire,
Lorsque vous régnerez que serez-vous hélas !
Si vous êtes cruel quand vous ne régnez pas[3] ?   1050

POLYNICE

1155 Ah ! si je suis cruel on me force de l'être,
Et de mes actions je ne suis pas le Maître,
Si je suis violent c'est que je suis contraint[4] ;
Et c'est injustement que le Peuple me craint.   1054
Je ne me connais plus en ce malheur extrême,
1160 En m'arrachant au Trône on m'arrache à moi-même,
Tant que j'en suis dehors je ne suis plus à moi,
Pour être vertueux il faut que je sois Roi[5].
Mais il faut en effet soulager ma Patrie,   1055
De ses gémissements mon âme est attendrie,
1165 Trop de sang innocent se verse tous les jours,
Il faut de ses malheurs que j'arrête le cours.
Et sans faire gémir ni Thèbes ni la Grèce,
À l'Auteur de mes maux il faut que je m'adresse,   1060
Il suffit aujourd'hui de son sang ou du mien.

JOCASTE

1170 Du sang de votre Frère ?

POLYNICE

Oui Madame, du sien.
Il faut finir ainsi cette guerre inhumaine.
Oui, cruel, et c'est là le dessein qui m'amène,
Moi-même à ce combat j'ai voulu t'appeler,
À tout autre qu'à toi je craignais d'en parler.
1175 Tout autre aurait voulu condamner ma pensée,
Et personne en ces lieux ne te l'eût annoncée.
Je te l'annonce donc. C'est à toi de prouver,
Si ce que tu ravis tu le sais conserver ;   1070
Montre-toi digne enfin, d'une si belle proie.

ÉTÉOCLE

1180 J'accepte ton dessein et l'accepte avec joie,
Créon sait là-dessus quel était mon désir,
J'eusse accepté le Trône avec moins de plaisir.
Je te crois maintenant digne du Diadème,
Et te le vais porter au bout de ce fer même[1].

JOCASTE

1185 Hâtez-vous donc cruels[2] de me percer le sein,
Et commencez par moi votre horrible dessein.
Ne considérez point que je suis votre Mère,
Considérez en moi celle de votre Frère,   1080
Si de votre ennemi vous recherchez le sang,
1190 Recherchez-en la source en ce malheureux flanc.
Je suis de tous les deux la commune ennemie,
Puisque votre ennemi reçut de moi la vie ;
Cet ennemi sans moi ne verrait pas le jour,
S'il meurt ne faut-il pas que je meure à mon tour ?
1195 N'en doutez point, sa mort me doit être commune,
Il faut en donner deux, ou n'en donner pas une,
Et sans être ni doux ni cruels à demi[3],
Il faut me perdre ou bien sauver votre ennemi.   1090

Si la vertu vous plaît, si l'honneur vous anime,
1200 Barbares rougissez de commettre un tel crime,
Ou si le crime enfin vous plaît tant à chacun,
Barbares rougissez de n'en commettre qu'un[1].
Aussi bien ce n'est point que l'amitié vous tienne[2],
Si vous sauvez ma vie en poursuivant la sienne[3],
1205 Vous vous garderiez bien cruels[4] de m'épargner,
Si je vous empêchais un moment de régner.
Polynice, est-ce ainsi que l'on traite une Mère ?

POLYNICE

J'épargne mon pays.

JOCASTE

Et vous tuez un Frère.   1100

POLYNICE

Je punis un méchant.

JOCASTE

Et sa mort aujourd'hui,
1210 Vous rendra plus coupable et plus méchant que lui[5].

POLYNICE

Faut-il que de ma main je couronne ce traître,
Et que de Cour en Cour j'aille chercher un Maître,
Qu'errant et vagabond je quitte mes États,
Pour observer des Lois qu'il ne respecte pas[6] ?
1215 De ses propres forfaits serai-je la Victime ?
Le Diadème est-il le partage du crime ?
Quel droit ou quel devoir n'a-t-il point violé ?
Et cependant il règne et je suis exilé.

JOCASTE

Un exil innocent vaut mieux qu'une Couronne[1]   1111
1220 Que le crime noircit, que le parjure donne,
Votre bannissement vous rendra glorieux,
Et le Trône mon Fils vous rendrait odieux.
Si vous n'y montez pas c'est le crime d'un autre ;
Mais si vous y montez ce sera par le vôtre.
1225 Conservez votre gloire.

ANTIGONE

　　　　　　　　Ah ! mon Frère en effet,
Pouvez-vous concevoir cet horrible forfait ?
Ainsi donc tout à coup l'honneur vous abandonne ?
Ô Dieux ! Est-il si doux de porter la Couronne ?
Et pour le seul plaisir d'en être revêtu,
1230 Peut-on se dépouiller de toute sa Vertu ?
Si la Vertu jamais eût régné en votre âme,
En feriez-vous au Trône un Sacrifice infâme ?
Quand on l'ose immoler on la connaît bien peu,
Et la Victime hélas ! vaut bien plus que le Dieu.

HÉMON

1235 Seigneur sans vous livrer à ce malheur extrême,
Le Ciel à vos désirs offre le Diadème.
Vous pouvez sans répandre une goutte de sang,
Dès que vous le voudrez monter à ce haut rang,
Puisque le Roi d'Argos vous cède une Couronne[2].

POLYNICE

1240 Dois-je chercher ailleurs ce que le sang me donne ?   1112
En m'alliant chez lui n'aurai-je rien porté,
Et tiendrai-je mon rang de sa seule bonté ?
D'un Trône qui m'est dû, faut-il que l'on me chasse,
Et d'un Prince étranger que je brigue la place ?

1245 Non non, sans m'abaisser à lui faire la Cour,
Je veux devoir le Sceptre à qui je dois le jour.

HÉMON

Qu'on le tienne, Seigneur, d'un Beau-père ou d'un
[Père,
La main de tous les deux vous sera toujours chère[1]. 1120

POLYNICE

Hémon, la différence est trop grande pour moi[2],
1250 L'un me ferait esclave, et l'autre me fait Roi.
Quoi ma grandeur serait l'ouvrage d'une femme?
D'un éclat si honteux je rougirais dans l'âme.
Le Trône sans l'amour me serait donc fermé?
Je ne régnerais pas si l'on ne m'eût aimé?
1255 Je veux m'ouvrir le Trône, ou jamais n'y paraître,
Et quand j'y monterai j'y veux monter en Maître,
Que le Peuple à moi seul soit forcé d'obéir,
Et qu'il me soit permis de m'en faire haïr. 1130
Enfin de ma grandeur je veux être l'arbitre,
1260 Être Roi, cher Hémon, et l'être à juste titre[3],
Que le Sang me couronne, ou s'il ne suffit pas,
Je veux à son secours n'appeler que mon bras.

JOCASTE

Faites plus, tenez tout de votre grand courage,
Que votre bras tout seul fasse votre partage,
1265 Et dédaignant les pas des autres Souverains,
Soyez, mon Fils, soyez l'ouvrage de vos mains.
Par d'illustres exploits couronnez-vous vous-même,
Qu'un superbe laurier soit votre Diadème; 1140
Régnez et triomphez, et joignez à la fois,
1270 La gloire des Héros à la Pourpre des Rois.
Quoi? votre ambition serait-elle bornée,
À régner tour à tour l'espace d'une année?

Cherchez à ce grand cœur que rien ne peut dompter,
Quelque Trône où vous seul ayez droit de monter[1].
1275 Mille Sceptres nouveaux s'offrent à votre épée,
Sans que d'un sang si cher nous la voyions trempée[2],
Vos triomphes pour moi n'auront rien que de doux,
Et votre Frère même ira vaincre avec vous[3].   1150

POLYNICE

Vous voulez que mon cœur flatté de ces chimères,
1280 Laisse un usurpateur au Trône de mes Pères?

JOCASTE

Si vous lui souhaitez en effet tant de mal,
Élevez-le vous-même à ce Trône fatal.
Ce Trône fut toujours un dangereux abîme,
La foudre l'environne aussi bien que le crime[4],
1285 Votre Père et les Rois qui vous ont devancés,
Sitôt qu'ils y montaient s'en sont vus[5] renversés[6].

POLYNICE

Quand je devrais au Ciel rencontrer le tonnerre,
J'y monterais plutôt que de ramper à terre[7],   1160
Mon cœur jaloux du sort de ces grands malheureux,
1290 Veut s'élever, Madame, et tomber avec eux[8].

ÉTÉOCLE

Je saurai t'épargner une chute si vaine.

POLYNICE

Ah! ta chute bientôt[9] précédera la mienne.

JOCASTE

Mon Fils son règne plaît[10].

POLYNICE

Mais il m'est odieux.

JOCASTE

Il a pour lui le Peuple.

POLYNICE

Et j'ai pour moi les Dieux.

ÉTÉOCLE

1295 Les Dieux de ce haut rang te voulaient interdire,
Puisqu'ils m'ont élevé le premier à l'Empire ;
Ils ne savaient que trop lorsqu'ils firent ce choix,
Qu'on veut régner toujours quand on règne une fois.
Jamais dessus le Trône on ne vit plus d'un Maître,
1300 Il n'en peut tenir deux quelque grand qu'il puisse être ;
L'un des deux tôt ou tard se verrait renversé,
Et d'un autre soi-même on y serait pressé.   1170
Jugez donc par l'horreur que ce méchant me donne,
Si je puis avec lui partager la Couronne.

POLYNICE

1305 Et moi je ne veux plus tant tu m'es odieux,
Partager avec toi la lumière des Cieux.

JOCASTE

Allez donc, j'y consens, allez perdre la vie,
À ce cruel combat tous deux je vous convie[1],   1180
Puisque tous mes efforts ne sauraient vous changer,
1310 Que tardez-vous ? Allez vous perdre et me venger.
Surpassez s'il se peut les crimes de vos Pères,
Montrez en vous tuant comme vous êtes Frères[2],
Le plus grand des forfaits vous a donné le jour,
Il faut qu'un crime égal vous l'arrache à son tour.

1315 Je ne condamne plus la fureur qui vous presse,
Je n'ai plus pour mon sang ni pitié ni tendresse,
Votre exemple m'apprend à ne le plus chérir,
Et moi je vais, Cruels, vous apprendre à mourir[1].   1190

CRÉON

Heureux emportement!

ANTIGONE

Hélas! rien ne les touche[2].

HÉMON

1320 Rien ne peut ébranler leur constance farouche.

ANTIGONE

Princes…

ÉTÉOCLE

Pour ce combat choisissons quelque lieu.

POLYNICE

Courons. Adieu ma Sœur.

ÉTÉOCLE

Adieu, Princesse, Adieu.

ANTIGONE

Mes Frères, Arrêtez, Gardes, qu'on les retienne,
Et n'obéissez pas à leur rage inhumaine,
1325 C'est leur être cruels que de les contenter[3].

HÉMON

Madame, il n'est plus rien qui les puisse arrêter.

ANTIGONE

Ah ! généreux Hémon ! c'est vous seul que j'implore,
Si la vertu vous plaît, si vous m'aimez encore,   1200
Et qu'on puisse arrêter leurs parricides mains,
1330 Hélas ! pour me sauver, sauvez ces inhumains.

Fin du quatrième Acte.

ACTE V

SCÈNE PREMIÈRE

ANTIGONE, *seule*[1].

À quoi te résous-tu Princesse infortunée[2]?
Ta Mère vient de mourir dans tes bras,
Ne saurais-tu suivre ses pas
Et finir en mourant ta triste destinée?
1335 À de nouveaux malheurs te veux-tu réserver?
Tes Frères sont aux mains, rien ne les peut sauver
De leurs cruelles armes.
Leur exemple t'anime à te percer le flanc,   1210
Et toi seule verses des larmes,
1340 Tous les autres versent du sang.

Quelle est de mes malheurs l'extrémité mortelle,
Où ma douleur doit-elle recourir?
Dois-je vivre, dois-je mourir?
Un Amant me retient, une Mère m'appelle[3],
1345 Dans la nuit du tombeau, je la vois qui m'attend,
Ce que veut la raison, l'amour me le défend,
Et m'en ôte l'envie.
Que je vois de sujets d'abandonner le jour!   1220

Mais hélas! qu'on tient à la vie,
1350 Quand on tient si fort à l'amour!

Oui tu retiens, Amour, mon âme fugitive,
Je reconnais la voix de mon Vainqueur,
L'espérance est morte en mon cœur
Et cependant tu vis, et tu veux que je vive.
1355 Tu dis que mon Amant me suivrait au tombeau,
Que je dois de mes jours conserver le flambeau,
Pour sauver ce que j'aime.
Hémon vois le pouvoir que l'amour a sur moi,   1230
Je ne vivrais pas pour moi-même,
1360 Et je veux bien vivre pour toi[1].

Si jamais tu doutas de ma flamme fidèle...
Mais voici du combat la funeste nouvelle.

SCÈNE II

ANTIGONE, OLYMPE

ANTIGONE

Hé bien, ma chère Olympe, as-tu vu ce forfait?

OLYMPE

J'y suis courue en vain, c'en était déjà fait.
1365 De haut de nos remparts j'ai vu descendre en larmes,
Le peuple qui courait et qui criait aux armes,
Et pour vous dire enfin d'où venait sa terreur,
Le Roi n'est plus, Madame, et son Frère est vainqueur.   1240
On parle aussi d'Hémon, l'on dit que son courage,
1370 S'est efforcé longtemps de suspendre leur rage,
Mais que tous ses efforts ont été superflus,
C'est ce que j'ai compris de mille bruits confus[2].

ANTIGONE

Ah ! je n'en doute pas, Hémon est magnanime,
Son grand cœur eut toujours trop d'horreur pour le
[crime,
1375 Je l'avais conjuré d'empêcher ce forfait,
Et s'il l'avait pu faire, Olympe, il l'aurait fait.
Mais hélas ! leur fureur ne pouvait se contraindre,
Dans des ruisseaux de sang elle voulait s'éteindre :   1250
Princes dénaturés vous voilà satisfaits,
1380 La mort seule entre vous pouvait mettre la Paix.
Le Trône pour vous deux avait trop peu de place,
Il fallait entre vous mettre un plus grand espace,
Et que le Ciel vous mît pour finir vos discords,
L'un parmi les vivants, l'autre parmi les morts.
1385 Infortunés tous deux, dignes qu'on vous déplore[1],
Moins malheureux pourtant que je ne suis encore,
Puisque de tous les maux qui sont tombés sur vous,
Vous n'en sentez aucun, et que je les sens tous.   1260
Quand on est au tombeau tous nos tourments
[s'apaisent[2],
1390 Quand on est furieux tous nos crimes nous plaisent,
Des plus cruels malheurs le trépas vient à bout,
La fureur ne sent rien, mais la douleur sent tout.
Cette vive douleur dont je suis la victime
Ressent la mort de l'un, et de l'autre le crime,
1395 Le sort de tous les deux me déchire le cœur,
Et plaignant le vaincu, je pleure le Vainqueur.
À ce cruel Vainqueur quel accueil dois-je faire ?
S'il est mon Frère, Olympe, il a tué mon Frère,
La nature est confuse et se tait aujourd'hui,
1400 Elle n'ose parler pour lui, ni contre lui[3].

OLYMPE

Mais pour vous ce malheur est un moindre supplice,   1261

Que si la mort vous eût enlevé Polynice[1],
Ce Prince était l'objet qui faisait tous vos soins,
Les intérêts du Roi vous touchaient beaucoup moins.

ANTIGONE

1405 Il est vrai je l'aimais d'une amitié sincère,
Je l'aimais beaucoup plus que je n'aimais son Frère[2],
Et ce qui le rendait agréable à mes yeux[3],
Il était vertueux, Olympe, et malheureux.
Mais hélas ! ce n'est plus ce cœur si magnanime,
1410 Et c'est un criminel qu'a couronné son crime,   1270
Son Frère plus que lui commence à me toucher,
Devenant malheureux, il m'est devenu cher.

OLYMPE

Créon vient.

ANTIGONE

Il est triste, et j'en connais la cause[4],
Au courroux du Vainqueur la mort du Roi l'expose[5],
1415 C'est de tous nos malheurs l'auteur pernicieux.

SCÈNE III

ANTIGONE, CRÉON, ATTALE, OLYMPE

CRÉON

Madame, qu'ai-je appris en entrant dans ces lieux ?
Est-il vrai que la Reine…

ANTIGONE

Oui, Créon, elle est morte.

CRÉON

Ô Dieux ! Puis-je savoir de quelle étrange sorte,
Ses jours infortunés ont éteint leur flambeau ?

OLYMPE

1420 Elle-même, Seigneur, s'est ouvert le tombeau,   1280
Et s'étant d'un poignard en un moment saisie,
Elle en a terminé ses malheurs et sa vie.

ANTIGONE

Elle a su prévenir la perte de son Fils.

CRÉON

Ah ! Madame, il est vrai que les Dieux ennemis…

ANTIGONE

1425 N'imputez qu'à vous seul la mort du Roi mon Frère,
Et n'en accusez point la céleste colère[1],
À ce combat fatal vous seul l'avez conduit,
Il a cru vos conseils, sa mort en est le fruit.
Ainsi de leurs flatteurs les Rois sont les Victimes,
1430 Vous avancez leur perte en approuvant leurs crimes,   1290
De la chute des Rois vous êtes les Auteurs,
Mais les Rois en tombant entraînent leurs flatteurs[2].
Vous le voyez, Créon, sa disgrâce mortelle,
Vous est funeste autant qu'elle nous est cruelle,
1435 Le Ciel en le perdant s'en est vengé sur vous,
Et vous avez peut-être à pleurer comme nous.

CRÉON

Madame, je l'avoue, et les destins contraires,
Me font pleurer deux Fils si vous pleurez deux Frères.

ANTIGONE

Mes Frères et vos Fils : Dieux[1] que veut ce discours ?
1440 Quelque autre qu'Étéocle a-t-il fini ses jours[2].   1300

CRÉON

Mais ne savez-vous pas cette sanglante histoire[3].

ANTIGONE

J'ai su que Polynice a gagné la Victoire,
Et qu'Hémon a voulu les séparer en vain[4].

CRÉON

Madame ce combat est bien plus inhumain.
1445 Vous ignorez encor mes pertes et les vôtres[5],
Mais hélas ! apprenez les unes et les autres.

ANTIGONE

Rigoureuse Fortune, achève ton courroux[6],
Ah ! sans doute voici le dernier de tes coups.

CRÉON

Vous avez vu, Madame, avec quelle furie[7],
1450 Les deux Princes sortaient pour s'arracher la vie,   1310
Que d'une égale ardeur ils y couraient tous deux[8],
Et que jamais leurs cœurs ne s'accordèrent mieux.
La soif de se baigner dans le sang de leur Frère,
Faisait ce que jamais le sang n'avait su faire,
1455 Par l'excès de leur haine ils semblaient réunis,
Et prêts à s'égorger ils paraissaient amis.
Ils ont choisi d'abord pour leur champ de bataille,
Un lieu près des deux camps, au pied de la muraille ;
C'est là que reprenant leur première fureur,
1460 Ils commencent enfin ce combat plein d'horreur.   1320
D'un geste menaçant, d'un œil brûlant de rage,

Dans le sein l'un de l'autre ils cherchent un passage
Et la seule fureur précipitant leur bras[1],
Tous deux semblent courir au-devant du trépas.
1465 Mon Fils qui de douleur en soupirait dans l'âme,
Et qui se souvenait de vos ordres, Madame,
Se jette au milieu d'eux et méprise pour vous,
Leurs ordres absolus qui nous retenaient tous[2].
Il leur retient le bras, les repousse, les prie,
1470 Et pour les séparer s'expose à leur furie[3],   1330
Mais il s'efforce en vain d'en arrêter le cours,
Et ces deux Furieux se rapprochent toujours.
Il tient ferme pourtant et ne perd point courage,
De mille coups mortels il détourne l'orage,
1475 Jusqu'à ce que du Roi le fer trop rigoureux,
Soit qu'il cherchât son Frère, ou ce Fils malheureux,
Le renverse à ses pieds prêt à rendre la vie.

ANTIGONE

Et la douleur encor ne me l'a pas ravie !

CRÉON

J'y cours, je le relève, et le prends dans mes bras,
1480 Et me reconnaissant, *je meurs*, dit-il, tout bas,   1340
Trop heureux d'expirer pour ma belle Princesse,
En vain à mon secours votre amitié s'empresse,
C'est à ces furieux que vous devez courir,
Séparez-les, mon Père, et me laissez mourir.
1485 Il expire à ces mots. Ce barbare spectacle,
À leur noire fureur n'apporte point d'obstacle,
Seulement Polynice en paraît affligé,
Attends Hémon, dit-il, *tu vas être vengé.*
En effet sa douleur renouvelle sa rage,
1490 Et bientôt le combat tourne à son avantage[4],   1350
Le Roi frappé d'un coup qui lui perce le flanc,
Lui cède la Victoire, et tombe dans son Sang[5].

Les deux Camps aussitôt s'abandonnent en proie,
Le nôtre à la douleur et les Grecs à la joie,
1495 Et le Peuple alarmé du trépas de son Roi,
Sur le haut de ses tours témoigne son effroi.
Polynice tout fier du succès de son crime,
Regarde avec plaisir expirer sa Victime,
Dans le sang de son Frère il semble se baigner[1],
1500 *Et tu meurs*, lui dit-il, *et moi je vais régner.*   1360
Regarde dans mes mains l'Empire et la Victoire,
Va rougir aux Enfers de l'excès de ma gloire,
Et pour mourir encore avec plus de regret,
Traître songe en mourant que tu meurs mon Sujet.
1505 En achevant ces mots, d'une démarche fière,
Il s'approche du Roi couché sur la poussière,
Et pour le désarmer il avance le bras.
Le Roi qui semble mort observe tous ses pas[2],
Il le voit, il l'attend, et son âme irritée,
1510 Pour quelque grand dessein semble s'être arrêtée[3],   1370
L'ardeur de se venger flatte encor ses désirs,
Et retarde le cours de ses derniers soupirs.
Prêt à rendre la vie il en cache le reste,
Et sa mort au Vainqueur est un piège funeste,
1515 Et dans l'instant fatal que ce Frère inhumain,
Lui veut ôter le fer qu'il tenait à la main,
Il lui perce le cœur, et son âme ravie,
En achevant ce coup abandonne la vie[4].
Polynice frappé pousse un cri dans les airs,
1520 Et son âme en courroux s'enfuit dans les Enfers[5].   1380
Tout mort qu'il est, Madame, il garde sa colère,
Et l'on dirait qu'encore il menace son Frère[6],
Son visage où la mort a répandu ses traits,
Demeure plus terrible et plus fier que jamais.

ANTIGONE

1525 Fatale ambition, aveuglement funeste,

D'un Oracle cruel suite trop manifeste[1-2],
De tout le sang Royal il ne reste que nous,
Et plût aux Dieux, Créon, qu'il ne restât que vous.
Et que mon désespoir prévenant leur colère,
1530 Eût suivi de plus près le trépas de ma mère.   1390

CRÉON

Il est vrai que des Dieux le courroux embrasé,
Pour nous faire périr semble s'être épuisé ;
Car enfin sa rigueur, vous le voyez, Madame,
Ne m'accable pas moins qu'elle afflige votre âme[3],
1535 En m'arrachant mes Fils...

ANTIGONE

          Ah ! vous régnez, Créon,
Et le Trône aisément vous console d'Hémon.
Mais laissez-moi de grâce un peu de solitude,
Et ne contraignez point ma triste inquiétude,
Aussi bien mes chagrins passeraient jusqu'à vous,
1540 Vous trouverez ailleurs des entretiens plus doux.   1400
Le Trône vous attend, le Peuple vous appelle,
Goûtez tout le plaisir d'une grandeur nouvelle[4],
Adieu, nous ne faisons tous deux que nous gêner[5].
Je veux pleurer, Créon, et vous voulez régner.

CRÉON, *arrêtant Antigone.*

1545 Ah ! Madame, régnez et montez sur le Trône,
Ce haut rang n'appartient qu'à l'illustre Antigone.

ANTIGONE

Il me tarde déjà que vous ne l'occupiez,
La Couronne est à vous.

CRÉON

          Je la mets à vos pieds.

ANTIGONE

Je la refuserais de la main des Dieux même,
1550 Et vous osez, Créon, m'offrir le Diadème[1].   1410

CRÉON

Je sais que ce haut rang n'a rien de glorieux,
Qui ne cède à l'honneur de l'offrir à vos yeux.
D'un si noble destin je me connais indigne,
Mais si l'on peut prétendre à cette gloire insigne,
1555 Si par d'illustres faits on la peut mériter,
Que faut-il faire enfin, Madame?

ANTIGONE

M'imiter.

CRÉON

Que ne ferais-je point pour une telle grâce[2],
Ordonnez seulement ce qu'il faut que je fasse[3],
Je suis prêt…

ANTIGONE, *en s'en allant.*

Nous verrons.

CRÉON, *la suivant.*

J'attends vos lois ici.

ANTIGONE, *en s'en allant.*

1560 Attendez.

SCÈNE IV

CRÉON, ATTALE

ATTALE

    Son courroux serait-il adouci ?   1420
Croyez-vous la fléchir ?

CRÉON

        Oui oui mon cher Attale,
Il n'est point de fortune à mon bonheur égale,
Et tu vas voir en moi dans ce jour fortuné[1],
L'ambitieux au Trône et l'amant couronné.
1565 Je demandais au Ciel la Princesse et le Trône,
Il me donne le Sceptre, et m'accorde Antigone[2],
Pour couronner ma tête, et ma flamme en ce jour
Il arme en ma faveur et la haine et l'amour :
Il allume pour moi deux passions contraires,
1570 Il attendrit la Sœur, il endurcit les Frères,   1430
Il aigrit leur courroux, il fléchit sa rigueur,
Et m'ouvre en même temps et leur trône et son cœur.

ATTALE

Il est vrai, vous avez toute chose prospère,
Et vous seriez heureux si vous n'étiez point Père[3],
1575 L'ambition, l'amour n'ont rien à désirer,
Mais Seigneur, la nature a beaucoup à pleurer.
Et perdant vos deux Fils...

CRÉON

        Oui, leur perte m'afflige,
Je sais ce que de moi le rang de Père exige[4],
Je l'étais. Mais surtout, j'étais né pour régner,

1580 Et je perds beaucoup moins que je ne crois gagner.   1440
Le nom de Père, Attale, est un titre vulgaire,
C'est un don, que le Ciel ne nous refuse guère[1],
Un bonheur si commun n'a pour moi rien de doux ;
Ce n'est pas un bonheur s'il ne fait des jaloux.
1585 Mais le Trône est un bien dont le Ciel est avare,
Du reste des Mortels ce haut rang nous sépare,
Bien peu sont honorés d'un don si précieux,
La Terre a moins de Rois que le Ciel n'a de Dieux.
D'ailleurs tu sais qu'Hémon adorait la Princesse,
1590 Et qu'elle eut pour ce Prince une extrême tendresse[2],   1450
S'il vivait, son amour au mien serait fatal,
En me privant d'un Fils le Ciel m'ôte un Rival[3],
Ne me parle donc plus que de sujets de joie,
Souffre qu'à mes transports je m'abandonne en proie[4],
1595 Et sans me rappeler des Ombres des Enfers,
Dis-moi ce que je gagne, et non ce que je perds.
Parle-moi de régner, parle-moi d'Antigone,
J'aurai bientôt son cœur, et j'ai déjà le Trône ;
Tout ce qui s'est passé n'est qu'un songe pour moi,
1600 J'étais Père et Sujet, je suis Amant et Roi.   1460
La Princesse et le Trône ont pour moi tant de charmes,
Que… mais Olympe vient.

ATTALE

Dieux, elle est toute en larmes.

SCÈNE V

CRÉON, OLYMPE, ATTALE

OLYMPE

Qu'attendez-vous, Seigneur, la Princesse n'est plus.

CRÉON

Elle n'est plus Olympe ?

OLYMPE

                    Ah ! regrets superflus !
1605 Elle n'a fait qu'entrer dans la chambre prochaine,
Et du même poignard dont est morte la Reine,
Sans que je pusse voir son funeste dessein,
Cette fière Princesse a percé son beau sein.
Elle s'en est, Seigneur, mortellement frappée,
1610 Et dans son sang, hélas ! elle est soudain tombée[1],   1470
Jugez à cet objet[2] ce que j'ai dû sentir.
Mais sa belle âme enfin toute prête à sortir,
Cher Hémon, c'est à toi que je me Sacrifie,
Dit-elle, et ce moment a terminé sa vie.
1615 J'ai senti son beau corps tout froid entre mes bras,
Et j'ai cru que mon âme allait suivre ses pas[3],
Heureuse mille fois si ma douleur mortelle,
Dans la nuit du tombeau, m'eût plongée avec elle[4].

                    Elle s'en va.

SCÈNE VI[5]

CRÉON, ATTALE

CRÉON

Et vous mourez ainsi, beau sujet de mes feux[6],
1620 Et vous-même, cruelle, éteignez vos beaux yeux.   1480
Vous fermez pour jamais ces beaux yeux que j'adore,
Et pour ne me point voir vous les fermez encore,
Quoiqu'Hémon vous fût cher, vous courez au trépas,
Bien plus pour m'éviter que pour suivre ses pas.

1625 Mais dussiez-vous encor m'être aussi rigoureuse,
Ma présence aux enfers vous fût-elle odieuse,
Dût après le trépas vivre votre courroux,
Inhumaine je vais y descendre après vous.
Vous y verrez toujours l'objet de votre haine,
1630 Et toujours mes soupirs vous rediront ma peine,   1490
Ou pour vous adoucir, ou pour vous tourmenter,
Et vous ne pourrez plus mourir pour m'éviter.
Mourons donc…

ATTALE, et des Gardes.

Ah ! Seigneur quelle cruelle envie[1]…

CRÉON

Ah ! c'est m'assassiner que me sauver la vie[2],
1635 Amour, rage, transports venez à mon secours,
Venez et terminez mes détestables jours[3],
De ces cruels amis trompez tous les obstacles.
Toi justifie, ô Ciel, la foi de tes Oracles[4],
Je suis le dernier sang du malheureux Laïus,
1640 Perdez-moi, Dieux cruels, ou vous serez déçus[5].   1500
Reprenez, reprenez cet Empire funeste,
Vous m'ôtez Antigone, ôtez-moi tout le reste,
Le Trône et vos présents excitent mon courroux[6],
Un coup de foudre est tout ce que je veux de vous.
1645 Accordez-le à[7] mes vœux, accordez-le à mes crimes[8],
Ajoutez mon supplice à tant d'autres Victimes,
Mais en vain je vous presse, et mes propres forfaits[9],
Me font déjà sentir tous les maux que j'ai faits[10].
Polynice, Étéocle, Iocaste[11], Antigone,
1650 Mes Fils, que j'ai perdus pour m'élever au Trône,   1510
Tant d'autres malheureux dont j'ai causé les maux,
Font déjà dans mon cœur l'office des bourreaux.
Arrêtez, mon trépas va venger votre perte,
La foudre va tomber, la Terre est entrouverte,

1655 Je ressens à la fois mille tourments divers,
Et je m'en vais chercher du repos aux Enfers[1].

Il tombe entre les mains des Gardes.

FIN.

PRÉFACE [1675-1697]

Le Lecteur me permettra de lui demander un peu plus d'indulgence pour cette Pièce, que pour les autres qui la suivent. J'étais fort jeune quand je la fis. Quelques vers que j'avais faits alors, tombèrent par hasard entre les mains de quelques personnes d'esprit. Ils m'excitèrent à faire une Tragédie, et me proposèrent le sujet de la Thébaïde. Ce sujet avait été autrefois traité par Rotrou sous le nom d'*Antigone*. Mais il faisait mourir les deux Frères dès le commencement de son troisième Acte[1]. Le reste était en quelque sorte le commencement d'une autre Tragédie, où l'on entrait dans des intérêts tout nouveaux. Et il avait réuni en une seule Pièce deux Actions différentes, dont l'une sert de matière aux *Phéniciennes* d'Euripide, et l'autre à l'*Antigone* de Sophocle. Je compris que cette duplicité d'Actions avait pu nuire à sa Pièce, qui d'ailleurs était remplie de quantité de beaux endroits. Je dressai à peu près mon plan sur les *Phéniciennes* d'Euripide. Car pour la *Thébaïde* qui est dans Sénèque[2], je suis un peu de l'opinion d'Heinsius, et je tiens comme lui, que non seulement ce n'est point une Tragédie de Sénèque, mais que c'est plutôt l'ouvrage d'un Déclamateur, qui ne savait ce que c'était que Tragédie[3].

La Catastrophe[1] de ma Pièce est peut-être un peu trop sanglante. En effet il n'y paraît presque pas un Acteur qui ne meure à la fin. Mais aussi c'est *la Thébaïde*. C'est-à-dire le sujet le plus Tragique de l'Antiquité.

L'amour qui a d'ordinaire tant de part dans les Tragédies, n'en a presque point ici. Et je doute que je lui en donnasse davantage si c'était à recommencer. Car il faudrait ou que l'un des deux Frères fût amoureux, ou tous les deux ensemble. Et quelle apparence de leur donner d'autres intérêts que ceux de cette fameuse haine qui les occupait tout entiers ? Ou bien il faut jeter l'amour sur un des seconds Personnages comme j'ai fait. Et alors cette passion qui devient comme étrangère au sujet, ne peut produire que de médiocres effets. En un mot je suis persuadé que les tendresses ou les jalousies des Amants ne sauraient trouver que fort peu de place parmi les incestes, les parricides et toutes les autres horreurs qui composent l'Histoire d'Œdipe et de sa malheureuse Famille[2].

DOSSIER

CHRONOLOGIE

1638. *5 septembre* : naissance du dauphin Louis, futur Louis XIV.

13 septembre : Jean Racine (le père), « procureur » à La Ferté-Milon (Aisne) et fils de Jean Racine, contrôleur au grenier à sel de La Ferté-Milon, épouse Jeanne Sconin, fille de Pierre Sconin, président du grenier à sel.

1639. *22 décembre* : Racine est baptisé à La Ferté-Milon ; il a pour marraine sa grand-mère paternelle, Marie Desmoulins (épouse de Jean Racine), et pour parrain son grand-père maternel, Pierre Sconin.

1641. *24 janvier* : baptême de Marie Racine, sœur de Jean. Leur mère meurt des suites de l'accouchement : elle est inhumée le 29 janvier.

1642. Création de *Cinna* de Corneille.

4 novembre : remariage du père de Racine.

4 décembre : mort de Richelieu.

1643. *7 février* : inhumation du père de Racine âgé de vingt-sept ans. L'enfant est recueilli par ses grands-parents paternels, sa sœur Marie par ses grands-parents maternels, les Sconin.

14 mai : mort de Louis XIII. Avènement de Louis XIV, qui a cinq ans : la régence d'Anne d'Autriche commence.

1648. *13 mai* : début de la Fronde.

L'une des tantes de Racine, Agnès, qui semble s'être beaucoup occupée de l'enfant après la mort de ses parents, devient sœur professe à l'abbaye de Port-Royal, où sa tante Suzanne Desmoulins (morte en 1647) s'était retirée dès 1625.

1649.   *22 septembre* : inhumation de Jean Racine, le grand-père paternel. C'est désormais le grand-père Sconin — l'homme le plus riche et le plus puissant de La Ferté-Milon — qui devient le tuteur de Racine.

1649-1653.   Racine est éduqué aux «Petites Écoles» de Port-Royal, alors situées à Paris, dans une discrète maison au fond du cul-de-sac Saint-Dominique (l'actuelle impasse Royer-Collard). Il y fait ses trois classes de grammaire et sa première classe de lettres (ce qui correspond aujourd'hui au premier cycle du collège, de la sixième à la troisième).

1652.   Sa grand-mère (et marraine), Marie Desmoulins, se retire à l'abbaye de Port-Royal de Paris, puis à celle des Champs, où elle est chargée de superviser le service. Contrairement à la légende, elle paie très certainement une pension comme faisaient alors la plupart des laïcs qui étaient au service des religieuses.

1653.   À la fermeture des «Petites Écoles» de Paris, transférées aux «Granges», tout à côté du monastère des Champs, Racine est envoyé au collège de la ville de Beauvais, sans doute à l'initiative de son grand-père et tuteur, où il demeure jusqu'en 1655. Il y fait sa seconde classe de lettres et sa rhétorique.

1654.   *7 juin* : sacre de Louis XIV à Reims.

1655.   *Octobre* : au lieu de commencer sa philosophie à Beauvais, Racine est accueilli aux Granges de Port-Royal.

1656.   *14 janvier-1ᵉʳ février* : «censure» prononcée en Sorbonne contre Antoine Arnauld, frère de la mère Angélique (abbesse et réformatrice de Port-Royal), considéré comme le plus brillant théologien de Port-Royal et le plus redoutable contradicteur des jésuites. Cette censure marque le début des «persécutions» contre les jansénistes. Mais elle déclenche aussi leur riposte sous la forme des *Provinciales* rédigées par Pascal, qui ridiculisent les principaux adversaires des jansénistes, les jésuites.
Mars. Fermeture, sur ordre royal, des «Petites Écoles»

de Port-Royal. Racine continue de recevoir l'enseignement de certains des maîtres au château voisin de Vaumurier, propriété du duc de Luynes, en même temps que le jeune fils de celui-ci, futur duc de Chevreuse (et futur gendre de Colbert) : il réside probablement dans l'appartement de son cousin Nicolas Vitart, intendant du duc. Durant les mois qui suivent il reçoit un enseignement de rhétorique approfondi auprès d'Antoine Le Maître qui, avant de devenir le premier « Solitaire » de Port-Royal, avait été vingt ans plus tôt le plus admiré des avocats de son temps.

Décembre : création de *Timocrate*, tragédie (romanesque) de Thomas Corneille, le plus grand succès théâtral du xvııe siècle.

De cette période (1655-1657) date la rédaction par Racine des odes sur *Le Paysage ou Promenade de Port-Royal des Champs*, des poésies latines, ainsi que, probablement, la première version des *Hymnes traduites du Bréviaire romain* qui seront publiées trente ans plus tard.

1657. Publication de *La Pratique du théâtre* de l'abbé d'Aubignac.

Octobre : Racine commence sa première année de philosophie au collège d'Harcourt (l'actuel lycée Saint-Louis), dont le principal était janséniste. Il réside probablement chez sa grand-tante, Claude Vitart, non loin du monastère de Port-Royal de Paris.

1658. *Octobre* : après treize années passées dans le sud de la France, Molière et ses compagnons reviennent à Paris. Patronnés par Monsieur, frère unique du roi, ils obtiennent de partager avec les comédiens italiens la salle du Petit-Bourbon.

4 novembre : mort d'Antoine Le Maître à Port-Royal des Champs.

1659. *24 janvier* : à l'Hôtel de Bourgogne, grand succès d'*Œdipe*, qui marque le retour de Corneille au théâtre après six années de « retraite ».

Août ou septembre : à l'issue de ses deux années de philosophie, Racine est à nouveau accueilli par son cousin Nicolas Vitart qui a suivi le duc de Luynes à Paris et qui vient de se marier. Dans l'hôtel du duc, il retrouve le jeune marquis d'Albert, futur duc de Chevreuse, qui semble avoir manifesté dès cette période une vive admiration pour le poète débutant.

Tout en jouant au poète galant dans le petit salon de Mme Vitart, Racine semble avoir été durant quelques mois l'adjoint de son cousin.

7 novembre : traité des Pyrénées, après vingt-quatre années de guerre entre la France et l'Espagne.

18 novembre : première des *Précieuses ridicules* au Petit-Bourbon, théâtre que Molière partage depuis un an avec les comédiens italiens.

1660. *9 juin* : Louis XIV épouse l'infante d'Espagne, Marie-Thérèse.

Racine écrit un sonnet (perdu) dédié à Mazarin sur la paix des Pyrénées.

Septembre : refus par les comédiens du théâtre du Marais de sa première pièce de théâtre (*Amasie*, non conservée). Parallèlement, il se fait remarquer en publiant une ode composée à l'occasion du mariage du roi, *La Nymphe de la Seine à la Reine.*

31 octobre : parution en trois volumes du *Théâtre* de Corneille, chacun des volumes introduit par un « Discours » théorique, lui-même suivi d'une série d'« Examens » critiques des pièces contenues dans le volume.

1661. *20 janvier* : Molière fait l'ouverture de sa nouvelle salle, au Palais-Royal.

9 mars : mort de Mazarin. Début du règne personnel de Louis XIV.

Juin : Racine écrit un poème mythologique et galant, *Les Bains de Vénus* (perdus), et dresse le plan d'une nouvelle pièce de théâtre dont le héros était le poète latin Ovide ; contacts favorables avec la troupe de l'Hôtel de Bourgogne, mais il ne peut achever son entreprise car il tombe alors gravement malade, victime d'une épidémie de fièvre qui balaie tout le nord de la France.

Octobre : encore fatigué, et très endetté, Racine quitte Paris pour Uzès, auprès d'un de ses oncles, le père Sconin, vicaire général de l'évêché d'Uzès, dans l'espoir d'obtenir un bénéfice ecclésiastique.

1662. À cause d'un imbroglio juridique autour du bénéfice

promis par le Père Sconin et de l'extrême complexité des affaires du chapitre d'Uzès, la perspective d'obtenir rapidement un bénéfice s'éloigne.

26 décembre : création de *L'École des femmes* de Molière.

1663. *Mi-janvier* : création de *Sophonisbe*, tragédie de Corneille. En février commence la « querelle de *Sophonisbe* », avec la publication des *Remarques sur la tragédie de Sophonisbe* de l'abbé d'Aubignac. Parallèlement se développe la « querelle de *L'École des femmes* ».

Avril ou mai (?) : retour de Racine à Paris.

Juin : il se fait remarquer par la publication d'une *Ode sur la convalescence du Roi*, et se voit inscrit dès le mois d'août sur la liste des gratifications royales aux gens de lettres pour la somme de six cents livres (environ sept mille euros), qui ne lui seront versées que l'année suivante.

12 août : mort à Port-Royal de sa grand-mère Marie Desmoulins (« ma mère »).

Fin octobre : nouvelle ode, *La Renommée aux Muses*, qui l'introduit auprès du comte (bientôt duc) de Saint-Aignan, l'un des seigneurs les plus proches du roi. Il achève en décembre sa première tragédie, *La Thébaïde*, que les comédiens de l'Hôtel de Bourgogne acceptent de monter, mais plusieurs mois plus tard.

1664. *6-13 mai* : à Versailles, fête des « Plaisirs de l'Île enchantée » durant laquelle Molière donne *Tartuffe* (première version en trois actes, aussitôt interdite).

20 juin : *La Thébaïde ou les Frères ennemis* est finalement montée au Palais-Royal par la troupe de Molière, qui avait besoin d'une nouveauté pour pallier l'interdiction du *Tartuffe* ; succès très médiocre. Elle est publiée le 30 octobre, avec une dédicace au duc de Saint-Aignan.

31 juillet et 1ᵉʳ août : premières d'*Othon*, tragédie de Corneille, à Fontainebleau, devant la cour.

27 octobre : publication des *Maximes* de La Rochefoucauld.

Derniers jours de décembre : création à l'Hôtel de Bourgogne d'*Astrate, roi de Tyr*, tragédie de Quinault ; un des grands succès du siècle.

1665. *10 janvier* : publication des *Contes et nouvelles en vers* de La Fontaine.

4 décembre : création au Palais-Royal d'*Alexandre le Grand*, deuxième tragédie de Racine. Très grand succès. Mais le 18 décembre, en pleine période d'exclusivité, la pièce paraît aussi sur la scène de l'Hôtel de Bourgogne, ce qui provoque l'effondrement des recettes au Palais-Royal, réputé inférieur à l'Hôtel de Bourgogne pour le tragique. Brouille irrémédiable avec Molière, qui juge Racine coupable de trahison, alors qu'une telle entorse aux coutumes n'a pu se faire qu'avec l'aval de Louis XIV, protecteur des deux troupes.

1666. *Janvier* : publication d'*Alexandre le Grand* avec une dédicace *Au Roi*.

Début de la « querelle des Imaginaires » : Racine est conduit à polémiquer (*Lettre à l'auteur des Hérésies imaginaires et des deux Visionnaires*) avec l'un de ses anciens maîtres de Port-Royal, Pierre Nicole, qui avait incidemment condamné la mauvaise influence des auteurs de théâtre (*Première Visionnaire*) ; il égratigne au passage les deux « saints de Port-Royal », la mère Angélique et Antoine Le Maître, provoquant l'indignation des jansénistes.

3 mai : premier document attestant que Racine est titulaire du bénéfice ecclésiastique promis cinq ans plus tôt par le père Sconin.

1667. *4 mars* : *Attila*, tragédie de Corneille, est créée par Molière au Palais-Royal. Après un bon début, les recettes déclinent rapidement.

29 mars : Marquise Du Parc, vedette de la troupe de Molière, passe dans celle de l'Hôtel de Bourgogne. On ne sait depuis quand Racine était son amant.

Avril : rebondissement de la « querelle des Imaginaires ». On a beaucoup de peine à convaincre Racine de renoncer à poursuivre la polémique avec ses anciens protecteurs.

17 novembre : création triomphale d'*Andromaque* devant la cour, puis le lendemain à l'Hôtel de Bourgogne. La Du Parc tient le rôle-titre.

Décembre : disparition du célèbre comédien Montfleury ; très vite se répand l'idée qu'il est mort d'épuisement pour avoir interprété avec trop de véhémence les fureurs d'Oreste au dénouement d'*Andromaque*.

1668. *Janvier ou février* : publication d'*Andromaque* avec une dédicace à Madame (Henriette d'Angleterre), la très influente belle-sœur du roi.

31 mars : première édition des six premiers livres des *Fables* de La Fontaine.

25 mai : Molière crée *La Folle Querelle ou la Critique d'Andromaque* de Subligny, comédie satirique qui ridiculise la pièce de Racine et ses admirateurs.

Juin : Saint-Évremond laisse enfin publier sa très critique *Dissertation sur le Grand Alexandre* (de Racine), attendue depuis de longs mois.

Novembre : création à l'Hôtel de Bourgogne des *Plaideurs*. Racine fait état dans sa préface des critiques dont elle a été l'objet, mais ces critiques n'ont nullement (contrairement à la légende) entravé son succès.

11 décembre : mort de Marquise Du Parc (âgée de trente-cinq ans), probablement des suites d'une fausse couche ou d'un avortement.

1669. *Janvier ou février* : publication des *Plaideurs*.

5 février : à la faveur de la « paix de l'Église », qui pacifie les relations entre le pape et les jésuites d'une part, les jansénistes de l'autre, Louis XIV peut enfin autoriser Molière à créer *Le Tartuffe*, interdit depuis 1664.

13 décembre : première de *Britannicus* à l'Hôtel de Bourgogne : grand succès malgré une cabale et de nombreuses critiques. Corneille, présent, aurait manifesté ouvertement sa désapprobation.

1670. *2 janvier* : publication des *Pensées* de Pascal par Port-Royal.

Janvier ou février : publication de *Britannicus* avec une dédicace au duc de Chevreuse et une préface où Corneille est pris violemment à partie.

Rentrée de Pâques : la Champmeslé et son mari font leurs débuts à l'Hôtel de Bourgogne.

30 juin : mort de Madame, Henriette d'Angleterre.

21 novembre : *Bérénice* est créée à l'Hôtel de Bourgogne avec la Champmeslé dans le rôle-titre. Une semaine plus tard, *Bérénice* de Corneille (publiée sous le titre de *Tite et Bérénice*) est montée par Molière au Palais-Royal.

Éclatant succès de la pièce de Racine qui ternit le succès honorable de celle de Corneille.

1671. *Janvier* : abbé de Villars, *Critique de Bérénice*, suivie quelques jours plus tard de la *Critique de la Bérénice du Palais-Royal.*

17 janvier : création triomphale de *Psyché*, « tragédie-ballet » de Molière (associé à Corneille, Quinault et Lully), dans la grande salle des machines des Tuileries.

24 janvier : publication de *Bérénice*, avec une dédicace à Colbert.

3 février : publication de *Tite et Bérénice* de Corneille.

Mars : publication (anonyme) de la *Réponse à la Critique de Bérénice* (par Saint-Ussans).

3 mars : première de *Pomone*, premier opéra français. Succès triomphal.

1672. *1er janvier* : création de *Bajazet* à l'Hôtel de Bourgogne ; très grand succès.

20 février : publication de *Bajazet.*

26 février : création d'*Ariane*, tragédie de Thomas Corneille, à l'Hôtel de Bourgogne ; la Champmeslé triomphe dans le rôle-titre. Il devient alors de notoriété publique que Racine est son amant.

Novembre : création de *Pulchérie*, comédie héroïque de Corneille, au théâtre du Marais. Succès honorable.

5 décembre : Racine est élu à l'Académie française.

23 décembre (?) : création de *Mithridate* à l'Hôtel de Bourgogne. Très grand succès qui se prolonge au moins jusqu'à la fin de février 1673.

1673. *12 janvier* : réception de Racine à l'Académie française.

17 février : mort de Molière. Sa troupe fusionnera en juin avec celle du Marais, dissoute, et quittera le Palais-Royal, attribué à Lully, pour s'installer rive gauche (théâtre de l'Hôtel Guénégaud).

2 mars : Racine prend un privilège d'impression pour *Mithridate* et l'ensemble de son théâtre.

16 mars : publication de *Mithridate.*

Avril : création de *Cadmus et Hermione*, première véritable tragédie lyrique française, par Lully et Quinault.

29 novembre : publication des *Réflexions sur la Poétique d'Aristote* du père Rapin (éd. datée de 1674).

Publication (sans date) à Utrecht d'une comédie satirique intitulée *Tite et Titus ou critique sur les Bérénices*.

1674. *11 janvier* : création d'*Alceste ou le Triomphe d'Alcide*, deuxième opéra de Lully et Quinault.

10 juillet : publication des *Œuvres diverses* de Boileau, contenant l'*Art poétique* et la traduction du *Traité du sublime*.

18 août : création d'*Iphigénie* dans le cadre des « Divertissements de Versailles » (5ᵉ journée) célébrant la (seconde) conquête de la Franche-Comté.

27 octobre : en témoignage de la satisfaction royale après *Iphigénie*, Racine est reçu dans la charge (anoblissante) de trésorier de France et général des finances de Moulins (où il ne séjourna jamais).

Fin décembre : reprise triomphale d'*Iphigénie* à Paris, sur la scène de l'Hôtel de Bourgogne, où elle succède à *Suréna*, dernière tragédie de Corneille qui n'a obtenu qu'un succès mitigé.

1675. *1ᵉʳ janvier* : Mme de Thianges offre au duc du Maine, son neveu, fils de Louis XIV et de Mme de Montespan, la « Chambre Sublime », jouet contenant sous forme de petites figurines de cire, outre Mme de Thianges, Mme de Lafayette et Mme Scarron (future Mme de Maintenon), La Rochefoucauld et son fils, Bossuet, Boileau, Racine et La Fontaine.

11 janvier : création à Saint-Germain de *Thésée*, troisième opéra de Lully et Quinault.

Fin janvier (?) : publication d'*Iphigénie*.

Avril : Pierre de Villiers, *Entretien sur les tragédies de ce temps*.

24 mai : création au théâtre Guénégaud de l'*Iphigénie* de Le Clerc et Coras.

26 mai : publication des *Remarques sur les Iphigénies de M. Racine et de M. Coras* (anonyme).

Juin (ou juillet) : longue satire en vers attribuée à Barbier d'Aucour et intitulée *Apollon charlatan* qui recense platement les principales critiques adressées aux différentes pièces de Racine.

Publication du premier volume (imprimé en 1674) de

l'édition collective des *Œuvres* de Racine, textes et préfaces remaniés.

1676. *Début de l'année* : deuxième volume de l'édition collective de ses *Œuvres*, achevé d'imprimer à la fin de 1675.

10 janvier : création à Saint-Germain d'*Atys*, quatrième opéra de Lully et Quinault.

1677. *1ᵉʳ janvier* : création à l'Hôtel de Bourgogne de *Phèdre et Hippolyte* (elle prendra le titre de *Phèdre* seulement dans l'édition collective de 1687).

3 janvier : création au théâtre Guénégaud de la *Phèdre et Hippolyte* de Pradon ; celui-ci, soutenu par tous les ennemis de Racine, se flattera d'avoir vu sa pièce tenir (tant bien que mal) durant près de trois mois face à celle de Racine, dont le succès, contrairement à la légende, ne s'est jamais démenti.

5 janvier : création à Saint-Germain d'*Isis*, cinquième opéra de Lully et Quinault.

10 mars : publication de la *Dissertation sur les tragédies de Phèdre et Hippolyte* (anonyme) ; malgré de très nombreuses critiques adressées à Racine, sa tragédie est jugée incomparablement supérieure à celle de Pradon.

13 mars : publication de la pièce de Pradon.

15 mars : publication de la pièce de Racine.

1ᵉʳ juin : Racine épouse Catherine de Romanet, dont il aura deux fils et cinq filles. Elle a vingt-cinq ans. Fille et sœur de trésoriers de France (comme l'est Racine depuis trois ans), elle possède une fortune équivalente à celle que détient désormais Racine.

Septembre : la nouvelle se répand que Louis XIV a chargé Racine et Boileau d'écrire son histoire, « emploi » qui implique de renoncer au « métier de poète ».

1678. Publication anonyme de *La Princesse de Clèves* de Mme de Lafayette.

Février-mars : Racine et Boileau suivent le roi dans la campagne qui aboutit à la prise de Gand ; leurs ennemis se moqueront longtemps de l'extrême prudence des deux poètes.

11 novembre : baptême de Jean-Baptiste, premier enfant de Racine.

1679. *Mai* : fin de la « Paix de l'Église » : le monastère de Port-

Royal des Champs ne peut plus recevoir de novices jusqu'à nouvel ordre (ce qui revient à programmer son extinction), les Solitaires qui résidaient dans ses dépendances doivent se disperser, Antoine Arnauld et Pierre Nicole s'exilent.

17 mai : première visite attestée de Racine à sa tante, la mère Agnès de Sainte-Thècle ; mais il est probable qu'il s'était réconcilié depuis longtemps avec Port-Royal, au moins depuis son mariage et son abandon du théâtre.

Novembre : Racine est soupçonné dans « l'Affaire des Poisons », la Voisin l'ayant accusé d'avoir empoisonné Marquise Du Parc en 1668.

1680. *Janvier* : les ordres sont prêts pour faire arrêter Racine mais il s'avère que c'est une autre Du Parc qui avait été empoisonnée (en 1678).

17 mai : baptême de Marie-Catherine, deuxième enfant du poète.

18 août : création de la Comédie-Française, par la fusion de la Troupe Royale de l'Hôtel de Bourgogne et de la Troupe du Roi de l'Hôtel Guénégaud.

1682. *6 mai* : Louis XIV s'installe définitivement à Versailles.

29 juillet : baptême d'Anne (« Nanette »), troisième enfant du poète.

1683. Pour le carnaval, Racine et Boileau composent un « petit opéra » (sans doute un livret de ballet) qui ne sera pas publié.

30 juillet : mort de la reine Marie-Thérèse.

6 septembre : mort de Colbert.

9 octobre (?) : mariage secret de Louis XIV et de Mme de Maintenon.

Fin de l'année : Racine devient (avec Boileau) l'un des neuf membres de l'Académie des inscriptions (dite petite Académie).

1684. *2 août* : baptême d'Élisabeth (« Babet »), quatrième enfant du poète.

1ᵉʳ octobre : mort de Pierre Corneille.

31 décembre : Mme de Montespan offre à Louis XIV l'unique exemplaire d'un luxueux ouvrage contenant un *Éloge historique du Roi sur ses conquêtes depuis l'année*

1672 jusqu'en 1678 rédigé par Boileau et Racine (il ne sera publié qu'au siècle suivant).

1685. *2 janvier* : à l'occasion de la réception de Thomas Corneille au fauteuil de son frère à l'Académie française, Racine prononce un vibrant éloge de Pierre Corneille.

16 juillet : l'*Idylle sur la paix*, commandée à Racine par le marquis de Seignelay (fils et successeur de Colbert), est chantée (sur une musique de Lully) lors de l'inauguration de l'orangerie du château de Sceaux.

17 octobre : révocation de l'édit de Nantes.

1686. Premier *Parallèle de MM. Corneille et Racine*, par Longepierre (à l'avantage de Racine).

29 novembre : baptême de Françoise (« Fanchon »), cinquième enfant du poète.

1687. *27 janvier* : lecture à l'Académie française du *Siècle de Louis le Grand* de Charles Perrault, qui place les artistes modernes au-dessus des anciens et marque le début de la « querelle des Anciens et des Modernes ». Fureur de Boileau, tandis que Racine félicite ironiquement Perrault d'avoir brillamment écrit le contraire de ce qu'il pense vraiment.

22 mars : mort de Lully.

15 avril : deuxième édition collective des *Œuvres* de Racine.

15 novembre : *Le Bréviaire romain en latin et en français* est publié par Le Tourneux (avec la date 1688) ; la traduction de la plupart des hymnes des Féeries est l'œuvre (ancienne mais revue) de Racine.

1688. *18 mars* : baptême de Madeleine (« Madelon »), son sixième enfant.

Le même mois paraît la première édition des *Caractères* de La Bruyère.

26 novembre : mort de Quinault.

1689. *26 janvier* : création d'*Esther* à Saint-Cyr. Après avoir été représentée à de nombreuses reprises jusqu'à la fin du carnaval, la pièce est publiée à la fin du mois de février ou au début du mois de mars.

1690. La tante de Racine, la mère Agnès de Sainte-Thècle, est élue abbesse de Port-Royal des Champs.

Athalie, commandée par le roi et Mme de Maintenon au lendemain d'*Esther,* n'est pas prête pour le carnaval, et l'on reprend *Esther* à Saint-Cyr. Mais Mme de Maintenon finit par céder aux pressions des ecclésiastiques rigoristes (adversaires du théâtre) et la série de représentations est écourtée.

12 décembre : Louis XIV permet à Racine d'obtenir la charge de gentilhomme ordinaire de la maison du roi.

1691. *5 janvier* : première répétition publique d'*Athalie* à Saint-Cyr devant le roi et quelques invités. Mais la pression des adversaires du théâtre est toujours aussi forte et la carrière de la pièce se résumera à deux autres répétitions en février en présence d'une assistance tout aussi restreinte. La pièce, qui jusqu'à la mort de Louis XIV (1715) ne donnera lieu qu'à des représentations privées à Saint-Cyr ou dans les appartements de Mme de Maintenon sans costumes, décor ni orchestre, est publiée en mars.

1692. *2 novembre* : baptême de Louis (« Lionval »), septième et dernier enfant du poète.

Publication sans nom d'auteur de la *Relation de ce qui s'est passé au siège de Namur*; il est avéré aujourd'hui que ce n'est pas l'œuvre de Racine.

1693. *15 juin* : discours de réception de La Bruyère à l'Académie française contenant un parallèle entre Corneille et Racine abaissant le premier au profit de celui-ci.

Juillet : en réaction, Fontenelle, neveu de Corneille, publie un *Parallèle de Corneille et de Racine*, tout à l'avantage de Corneille.

2 novembre : Louis XIV accorde à Racine la survivance de sa charge de gentilhomme ordinaire en faveur de son fils aîné.

1694. *9 mai* : Bossuet condamne le père Caffaro qui venait de défendre la moralité du théâtre. Il cite l'exemple de Racine, « qui a renoncé publiquement aux tendresses de sa *Bérénice* ». Mais Racine, tout dévot et adversaire du théâtre qu'il est devenu, refuse de renier son œuvre passée et songe à répliquer à Bossuet.

8 août : mort d'Antoine Arnauld à Bruxelles.

Fin de l'été : à la demande de Mme de Maintenon, Racine compose quatre *Cantiques spirituels*, dont trois sont mis en musique par Moreau et un par Delalande.

1695. *20 juin* : Louis XIV attribue à Racine un nouveau logement à Versailles, cette fois à l'intérieur même du palais (il disposait depuis quelques années d'un petit logement « au-dessus des Petites-Écuries »).

19 août : nomination de Mgr de Noailles (opposé aux jésuites et bienveillant envers les jansénistes) comme nouvel archevêque de Paris. Racine entreprend auprès de lui de nombreuses démarches en faveur du monastère de Port-Royal des Champs.

16 novembre : mort de Pierre Nicole. Revenu à Paris depuis de longues années, il recevait de très fréquentes visites de Racine qui notait ensuite certaines des confidences du vieil homme (*Diverses particularités concernant Port-Royal*).

Racine prépare (ou commence) la rédaction, dans le plus grand secret, de l'*Abrégé de l'histoire de Port-Royal* (inachevé ; la première partie sera publiée en 1742, la seconde en 1767).

1696. *Février* : il achète une très coûteuse charge de conseiller secrétaire du roi.

1697. Troisième et dernière édition collective de ses *Œuvres* qui intègre *Esther*, *Athalie* et les *Cantiques spirituels* et qui contient de nombreuses corrections.

1698. *Février-mars* : il semble avoir été accusé de jansénisme auprès du roi et de Mme de Maintenon, mais leur refroidissement à son égard relève de la légende : il continue à être invité au château de Marly, véritable baromètre de la faveur, et seules sa sincère dévotion et les premières atteintes de la maladie le poussent à fréquenter moins souvent la cour.

15 mai : mort de la Champmeslé.

1699. *21 avril, entre trois heures et quatre heures du matin* : mort de Racine (probablement d'un cancer du foie). En dépit de sa haine pour le monastère, Louis XIV donne son autorisation pour qu'il soit enseveli à Port-Royal des Champs, conformément à ses dernières volontés.

1711. Destruction de Port-Royal des Champs. Le 2 décembre,

les restes de Racine sont transférés en l'église Saint-Étienne-du-Mont, derrière le maître-autel, près de la tombe de Pascal.

1715. *1ᵉʳ septembre* : mort de Louis XIV.

NOTICE

ORIGINE DU PROJET : FAUSSES PISTES

Racine s'était-il mis au travail durant la période uzétienne dont nous n'avons conservé aucune trace épistolaire (août 1662-printemps 1663) ? C'est ce qu'affirma au siècle suivant son fils cadet Louis Racine dans ses *Mémoires sur la vie et les ouvrages de Jean Racine* :

> *Son goût pour la Tragédie lui en fit commencer une dont le sujet était* Théagène et Chariclée. *Il avait conçu dans son enfance une passion extraordinaire pour Héliodore : il admirait son style, et l'artifice merveilleux avec lequel sa Fable est conduite. Il abandonna enfin cette Tragédie, dont il n'a rien laissé, ne trouvant pas vraisemblablement que des aventures Romanesques méritassent d'être mises sur la scène tragique. Il retourna à Euripide, et y prit le sujet de* la Thébaïde, *qu'il avança beaucoup, en même temps qu'il s'appliquait à la Théologie*[1].

On ne voit pas d'où Louis Racine a pu tirer l'anecdote de *Théagène et Chariclée*. D'une lettre aujourd'hui disparue ? C'est peu probable dans la mesure où il a lui-même publié à la suite de ses *Mémoires* les lettres qu'il avait en sa possession. On peut

1. Racine, *Œuvres complètes*, « Bibliothèque de la Pléiade », I, 1999, p. 1124.

penser qu'il voulait en fait corriger le récit des débuts de son père qui figurait dans la *Vie de M. de Molière* de Grimarest (1705). Selon celui-ci, Molière, qui était vers 1664 en quête d'auteurs de tragédies,

> *se souvint qu'un an auparavant un jeune homme lui avait apporté une pièce intitulée* Théagène et Chariclée, *qui à la vérité ne valait rien ; mais qui lui avait fait voir que ce jeune homme en travaillant pouvait devenir un excellent Auteur. Il ne le rebuta point, mais il l'exhorta de se perfectionner dans la Poésie, avant que de hasarder ses Ouvrages au Public : et il lui dit de revenir le trouver dans six mois*[1].

Racine ne s'étant plus jamais présenté, Molière l'aurait fait chercher pour lui donner le plan de *La Thébaïde* qu'il avait lui-même dressé, et il aurait ensuite aidé le maladroit jeune homme à éliminer tout ce qu'il avait démarqué de trop près de l'*Antigone* de Rotrou. On comprend pourquoi, après avoir attribué à Molière un rôle aussi décisif dans la genèse et la composition de la pièce, Grimarest a imaginé — imaginé, car nous verrons que les chiffres de fréquentation de la salle contredisent son assertion — que *La Thébaïde* « fut d'autant plus applaudie que le public se prêta à la jeunesse de M. Racine qui fut animé par les applaudissements et par le présent que Molière lui fit[2] ». On voit ce que Louis Racine avait à cœur de corriger : n'osant pas revenir sur le sujet même de *Théagène et Chariclée* — après tout, l'idée était dans l'air[3] —, c'est à son père qu'il prête le recul critique qui lui aurait fait renoncer à cette tragédie. Il voulait surtout retirer à Molière la paternité du projet de *La Thébaïde* et redresser l'image bien écornée de son père en cette occasion.

Il fallait en même temps récuser le récit de Brossette, pané-

---

1. *Vie de M. de Molière*, Paris, Jacques le Febvre, 1705, p. 58. Raymond Picard, *Nouveau Corpus Racinianum*, éd. du CNRS, 1976 (*infra* : *NCR*), p. 489.
2. À défaut du succès, ce présent a effectivement existé : voir plus loin, p. 152.
3. Loret signale dans sa *Muse historique* du 15 juillet 1662 que Gabriel Gilbert a composé un *Théagène* représenté devant Monsieur et Madame quelques jours plus tôt. La pièce n'a jamais été imprimée.

gyriste de Boileau. Car celui-ci, s'il attribue la totalité de la composition et de la rédaction de *La Thébaïde* au seul Racine, n'en reprend pas moins l'idée d'une commande passée par Molière, qui aurait été désireux de contrer une *Thébaïde* montée par la troupe rivale de l'Hôtel de Bourgogne : « Boyer avait fait *La Thébaïde* qui était très mauvaise. Molière dit à Racine que, s'il voulait rajuster l'*Antigone* de Rotrou, elle effacerait *La Thébaïde* de Boyer[1]. » Affirmation aussi fantaisiste que la précédente, nous le verrons (il n'a jamais existé de *Thébaïde* de Boyer à cette date), mais Louis Racine ignorait que l'affirmation de Brossette était sans fondement. Aussi, pour contrer ces anecdotes convergentes, a-t-il décidé que son père avait commencé à écrire la pièce lorsqu'il était encore à Uzès.

En fait, il n'avait pas besoin de remonter aussi loin pour éliminer toute intervention de Molière. *La Thébaïde ou les Frères ennemis* est en effet la seule pièce pour laquelle nous avons la chance d'avoir conservé le témoignage de Racine lui-même, et l'on ne voit pas pourquoi son fils l'a si mal exploité. Nous possédons trois lettres datées de novembre et décembre 1663, adressées à son ami Le Vasseur, ainsi qu'une phrase de la préface de 1675 où il est simplement fait allusion à des « gens d'esprit » qui, pour avoir apprécié ses premières poésies, l'encouragèrent à écrire pour le théâtre en lui proposant le sujet de *La Thébaïde*.

Or la première lettre à Le Vasseur nous apprend qu'à la mi-novembre 1663 Racine travaillait d'arrache-pied et avançait relativement vite puisqu'il regrettait de piétiner depuis quelques jours sur ce qu'il appelait *Les Frères* :

> [...] *Ils ne sont pas aussi avancés qu'à l'ordinaire. Le 4e [acte] était fait dès samedi ; mais malheureusement je ne goûtais point, ni les autres non plus, toutes les épées tirées : ainsi il a fallu les faire rengainer, et pour cela ôter plus de deux cents vers, ce qui est malaisé[2].*

Visiblement la composition (le canevas en prose) était achevée depuis un certain temps, et Racine versifiait depuis quelques

1. *Mémoires de Brossette sur Boileau-Despréaux, NCR*, p. 480.
2. Racine, *Œuvres complètes*, « Bibliothèque de la Pléiade », II, p. 457.

semaines. Huit jours plus tard[1], il annonça qu'il avait presque achevé l'ensemble, et il faisait lire à son correspondant la première des stances d'Antigone qui ouvrent le cinquième acte. Enfin, dans la troisième lettre, du début de décembre, il précisait que le dernier acte était achevé et qu'il avait dû changer toutes les stances, sur les conseils de « ceux qui les [lui] avaient demandées ». On voit donc que, au rythme où Racine avançait et dans la mesure où il était rentré à Paris au moins depuis le printemps, l'allégation selon laquelle *La Thébaïde* remonte pour l'essentiel à la période d'Uzès et a été simplement achevée à Paris n'est guère acceptable. Rien n'interdit de penser qu'il avait peut-être caressé l'idée de travailler sur ce sujet lorsque, durant l'été 1662 (il était alors à Uzès), il « cherch[ait] quelque sujet de théâtre ». Mais c'est bien après son retour à Paris qu'il dut se mettre au travail.

UNE PIÈCE POUR QUEL THÉÂTRE ?

Depuis l'automne de 1658, date de l'installation définitive de Molière à Paris, trois troupes de comédiens français se disputaient les faveurs des spectateurs. Il pouvait arriver qu'une troupe de comédiens « de campagne » fît un séjour de quelques semaines ou de quelques mois, mais ces troupes créaient rarement de nouvelles pièces à l'occasion de leurs passages à Paris, et de ce point de vue elles ne jouaient aucun rôle dans la vie dramatique parisienne. Quant aux troupes étrangères, qu'il s'agît de la troupe permanente de comédiens italiens, installée dans le même théâtre que Molière[2], ou de la discrète troupe de comédiens espagnols arrivée en 1660 dans le sillage

---

1. Le vendredi 23 novembre (*ibid.*, p. 458).
2. Une troupe de comédiens italiens résidait en permanence à Paris depuis 1644 : installée au Petit-Bourbon en 1653, qu'elle partagea à partir de 1658 avec Molière, elle regagna l'Italie de 1659 à 1662, et à son retour cohabita à nouveau avec Molière, au Palais-Royal cette fois. Voir l'ouvrage de Virginia Scott, *The Commedia dell'arte in Paris, 1644-1697*, The University Press of Virginia, 1990.

de l'infante Marie-Thérèse devenue reine de France[1], elles jouaient exclusivement dans leur propre langue. Trois troupes permanentes de comédiens français, cela nous paraît peu. C'est pourtant la période la plus faste, de ce point de vue. Quinze ans plus tôt, Molière et les Béjart n'avaient pas réussi à imposer leur Illustre Théâtre dans une capitale au public théâtral encore trop restreint. Vingt-deux ans plus tard, ces trois troupes, réduites à deux au lendemain de la mort de Molière (1673), n'en formèrent plus qu'une seule, la Comédie-Française, causant ainsi un appauvrissement considérable (mais heureusement temporaire) de la production dramatique. Les débuts de Racine coïncidèrent donc avec le commencement de la période la plus propice à la création théâtrale : celle où la concurrence entre les troupes accroissait la demande en nouveautés.

Pour autant, l'éventail n'était pas si ouvert qu'il y paraît car les trois compagnies ne jouissaient pas d'une égale notoriété. Au début des années 1660, celle de Molière, dite Troupe de Monsieur frère unique du Roi, passait essentiellement pour une troupe comique : Molière avait beau monter presque autant de tragédies que de comédies, il semblait n'attirer le public que dans la mesure où il faisait suivre ces tragédies de ses propres petites comédies, ou bien lorsque la pièce principale était *L'Étourdi* ou *Dépit amoureux*, ses deux premières comédies en cinq actes, ou encore l'une des comédies burlesques de Scarron et de Thomas Corneille. Quant à la troupe qui songea un temps à monter *Amasie*, le premier essai dramatique de Racine, la troupe du Marais, elle avait depuis longtemps perdu de son lustre. Installée à Paris depuis 1629, occupant depuis 1634 un ancien jeu de paume situé rue Vieille-du-Temple, ce qui lui valut son nom, elle connut sa période de gloire à l'époque où elle fut dirigée successivement par les deux plus grands acteurs tragiques du siècle, Montdory

---

1. Selon Chappuzeau (*Le Théâtre français*, Lyon, Mayer, 1674, éd. cit., p. 133), ces comédiens espagnols partagèrent durant quelques mois le théâtre de Molière, profitant de l'absence momentanée des Italiens (voir la note précédente). Ils semblent n'avoir eu aucun succès et l'on n'en entendit plus parler ensuite car ils se contentèrent de jouer pour la reine qui les entretenait. Toujours selon Chappuzeau, ils quittèrent la France au printemps de 1674 (*ibid.*).

jusqu'en 1638, puis Floridor, jusqu'en 1647. Le départ de Floridor pour le théâtre concurrent lui fut fatal, non seulement parce qu'il était déjà l'acteur préféré du public, mais aussi parce qu'il avait entraîné Pierre Corneille qui avait donné jusqu'alors toutes ses pièces au Marais ; depuis cette date, et malgré des périodes de très grands succès (ainsi *Timocrate* de Thomas Corneille en 1656-1657), le théâtre avait même été fermé à deux reprises (1654 et 1658), et l'installation de Molière à Paris n'avait pas arrangé les choses ; même si un Corneille pouvait encore y faire créer de loin en loin une nouvelle pièce (*Sertorius* au début de 1662), la troupe avait été privée de ses meilleurs acteurs au printemps de 1662 (en particulier Mlle des Œillets passée à l'Hôtel de Bourgogne) et ne dut sa survie qu'à sa spécialisation dans le genre du théâtre à grand spectacle sur le modèle des deux « tragédies à machines » de Corneille, *Andromède* et *La Conquête de la Toison d'or*.

La compagnie la plus prestigieuse était celle qui se parait du titre de Troupe royale. Constituée dès la fin du XVIe siècle, elle louait depuis 1629 aux Confrères de la Passion la salle qu'ils avaient construite en 1548 pour représenter des mystères et des passions, sur un terrain dit de l'Hôtel de Bourgogne, rue Mauconseil dans le quartier des Halles. Cette troupe de l'Hôtel de Bourgogne possédait deux acteurs vedettes, Floridor et Montfleury, ainsi que, depuis le printemps de 1662, la meilleure actrice du moment, Mlle des Œillets, et elle était surtout la plus appréciée dans le genre tragique, le genre noble par excellence. En ce domaine, face à la troupe de Molière, qui triomphait dans le comique, mais qui était jugée médiocre dans le tragique, et à celle du Marais qui n'excellait plus en rien, le théâtre de l'Hôtel de Bourgogne jouissait d'un quasi-monopole.

Lors de ses deux premières tentatives dramatiques, en 1660 puis en 1661, Racine s'était adressé tour à tour aux deux plus anciens théâtres. D'abord, pour *Amasie*, au théâtre du Marais. Mais, ce n'était pas, semble-t-il, le résultat d'un choix personnel : poète débutant et dépourvu d'appui dans le milieu théâtral, il avait eu la chance que son ami l'abbé Le Vasseur connût l'une des comédiennes du Marais, Mlle Roste, qui avait introduit les deux jeunes gens auprès de l'homme fort de la troupe, La Roque (lequel avait fini par refuser la pièce). Un an plus

tard, ce fut encore par l'intermédiaire d'une comédienne,
Mlle de Beauchâteau, célèbre actrice de l'Hôtel de Bourgogne,
qu'il proposa son second essai dramatique à une troupe. On
ne sait qui fut l'introducteur de Racine, peut-être à nouveau
Le Vasseur lui-même ; toujours est-il qu'il avait tenté encore sa
chance par une porte étroite, le milieu qu'il fréquentait man-
quant de tout lien solide avec le monde du théâtre. Mais l'on
sait que, si le projet avait été mieux accueilli, la maladie de
Racine et son départ pour Uzès ont enterré pour toujours ces
« Amours d'Ovide » destinées à l'Hôtel de Bourgogne.

Entre ces deux premières tentatives de 1660-1661 et le
20 juin 1664, date de la première de *La Thébaïde* sur la scène
du Palais-Royal, la hiérarchie des troupes n'avait connu aucune
modification. Si Molière jouissait désormais d'une notoriété
exceptionnelle, il la devait au succès des comédies qu'il avait
enchaînées depuis 1661, en particulier *Les Fâcheux* et *L'École
des maris*, et surtout la triomphale *École des femmes* (fin décembre
1662), à l'origine d'une « guerre comique » qui occupa toute
l'année 1663. Plus que jamais son théâtre était le haut lieu de
la comédie ; et la « querelle de *L'École des femmes* » eut beau
mettre les rieurs de son côté lorsqu'il s'était moqué du jeu
tragique des acteurs de l'Hôtel de Bourgogne (*L'Impromptu de
Versailles*), elle révéla en même temps la piètre estime dans
laquelle on tenait son propre talent d'acteur tragique et le
discrédit relatif dont était victime l'ensemble de sa troupe
pour le jeu tragique. Dans ces conditions, peut-on croire
vraiment que Racine ait pu d'emblée lui proposer sa tragédie,
plutôt que de s'adresser à l'Hôtel de Bourgogne qui avait suivi
d'un œil attentif les progrès de ses « Amours d'Ovide » ?

PALAIS-ROYAL OU HÔTEL DE BOURGOGNE?

Dans la mesure où, en ce qui concerne la genèse de *La
Thébaïde*, le récit de Louis Racine est contestable et où les
anecdotes de Grimarest et de Brossette sont fausses dans le
détail (dans l'une le succès de *La Thébaïde*, dans l'autre l'existence d'une *Thébaïde* de Boyer à cette date), que faut-il penser

du rôle attribué à Molière ? Les lettres à Le Vasseur ne l'excluent pas absolument : les allusions aux « autres », qui n'ont pas goûté que Racine fît tirer sur la scène leurs épées aux frères ennemis (première lettre), puis à « ceux qui [lui] avaient demandé » des stances et qui les lui firent transformer (troisième lettre), le choix d'une actrice pour le rôle d'Antigone (deuxième lettre), tout cela indique sans ambiguïté que Racine lisait aux comédiens les actes de sa pièce à mesure qu'il les versifiait avant de revenir leur soumettre les corrections qu'ils avaient suggérées. Mais quels comédiens ? Est-ce vraiment la troupe du Palais-Royal qui est ainsi désignée ?

Si c'était effectivement cette troupe que Racine fréquentait aussi assidûment, comment se fait-il qu'après avoir rencontré par hasard Molière au lever du roi (première lettre), il ne l'eût pas croisé ensuite de huit jours (deuxième lettre) ? Encore ne mentionna-t-il son nom dans cette deuxième lettre qu'après avoir avoué qu'il n'avait « point vu *L'Impromptu* » et annoncé qu'il irait voir la pièce l'après-midi même. Or *L'Impromptu de Versailles* avait déjà eu six représentations depuis sa création à Paris le 4 novembre : depuis trois semaines Racine aurait-il travaillé régulièrement avec les comédiens du Palais-Royal sans être allé applaudir leur dernier succès, alors même qu'on était en pleine « querelle de *L'École des femmes* » et que *L'Impromptu* est la plus brillante réplique de Molière à ses adversaires ? Assurément, les lettres à Le Vasseur ne permettent nullement de conclure à une fréquentation de Molière et de sa troupe

Quant à l'actrice qui devait jouer le rôle d'Antigone, elle n'est désignée qu'à mots couverts dans la deuxième lettre : « La déhanchée fait la jeune princesse. Vous savez bien, je crois, et qui est cette déhanchée, et qui sera cette princesse. » On juge généralement l'allusion transparente et l'on avance le nom de Marquise Du Parc que Molière invitait au même moment dans *L'Impromptu* à se « déhancher comme il faut et à faire bien des façons[1] ». L'identification paraît d'autant plus plausible que dans *La Critique de l'École des femmes*, quelques mois plus tôt, elle jouait Climène dont un autre personnage

---

1. *L'Impromptu de Versailles*, scène IV ; Molière, *Œuvres complètes*, éd. G. Forestier et Cl. Bourqui, 2010, « Bibliothèque de la Pléiade », II, p. 835. Voir J. Pommier, *Aspects de Racine*, Nizet, 1954, p. 42-43, suivi par R. Picard, *La Carrière de Jean Racine*, Gallimard, 1957, p. 103.

décrivait les mouvements de ressort de ses hanches, de ses épaules et de sa tête[1]. Il faut pourtant renoncer à cette identification facile. Racine et Le Vasseur n'avaient pas pu être frappés par la remarque adressée à Marquise dans *L'Impromptu*, puisque Racine n'avait pas encore vu la pièce, que Le Vasseur était éloigné de Paris depuis plusieurs semaines et que *L'Impromptu de Versailles* ne fut pas imprimé du vivant de Molière. En fait, dans la mesure où le déhanchement était depuis dix ans la caractéristique attribuée à celles des femmes du monde que des textes parodiques ou satiriques qualifiaient de «précieuses[2]», toutes les actrices qui les jouaient se devaient de reproduire leur démarche et se «déhancher comme il faut». Dès lors, l'allusion pourrait tout aussi bien valoir pour l'actrice de l'Hôtel de Bourgogne qui venait de jouer le rôle de la précieuse Oriane dans *Le Portrait du peintre* de Boursault, réponse des adversaires de Molière à sa *Critique de l'École des femmes* et grand succès de scandale. De plus, il ne semble pas que ce soit la Du Parc qui ait joué dans *La Thébaïde* à la création de la pièce six mois plus tard[3].

Enfin, si Molière avait accepté la tragédie dès novembre, et dans la mesure où elle était terminée en décembre, aurait-il attendu la fin du mois de juin pour se décider à la monter alors qu'aucune création d'importance n'était annoncée sur la scène du Palais-Royal durant cet hiver 1663-1664? La réponse nous est fournie par Racine lui-même qui, dans sa troisième lettre à Le Vasseur, enchaîne à ses remarques sur les stances du cinquième acte cette phrase: «On promet depuis hier *La Thébaïde* à l'Hôtel; mais ils ne la promettent qu'après trois autres pièces.» La phrase est dépourvue de toute ambiguïté: sa pièce venait d'être publiquement annoncée par l'orateur de l'Hôtel de Bourgogne, et, suivant l'usage, elle devait figurer

1. Scène II; éd. cit., I, p. 489.
2. Le chevalier de Sévigné écrivait dès 1654: «Il y a une nature de filles et de femmes à Paris que l'on nomme Précieuses, qui ont un jargon et des mines, avec un déhanchement merveilleux» (*Correspondance du chevalier de Sévigné et de Christine de France*, cité par J.-M. Pelous, *Amour précieux, amour galant*, Klincksieck, 1980, p. 309).
3. Selon *Le Mercure galant* de l'année 1721, qui rend compte d'une reprise donnée en octobre de la même année. Sur la distribution, voir *infra*, p. 148-149.

désormais sur les affiches de chaque représentation, avec une mention du type « En attendant *La Thébaïde* ».

Or, jusqu'à une date très récente, biographes et exégètes de Racine jugeaient inacceptable de prendre cette phrase au pied de la lettre[1], estimant que les termes employés — « On promet depuis hier *La Thébaïde* à l'Hôtel » — désignent une autre pièce que la sienne : Brossette ayant parlé d'une *Thébaïde* de Boyer que Molière voulait voir « effacée » par celle de Racine, on s'était persuadé que la pièce annoncée à l'Hôtel de Bourgogne était celle de Boyer et non celle de Racine, sous le prétexte que dans sa première lettre à Le Vasseur c'est sous le titre *Les Frères* que Racine avait désigné sa pièce. Qu'il l'ait intitulée quelques mois plus tard, lors de la publication (octobre 1664), *La Thébaïde ou les Frères ennemis* et que dans sa dédicace au duc de Saint-Aignan il la nommât seulement *La Thébaïde*, tout cela ne pouvait entrer en ligne de compte face à la légende construite à partir des assertions de Grimarest et de Brossette.

Seulement il n'existe aucune autre *Thébaïde* que la sienne à cette date. Il n'est fait état d'une pièce de ce nom ni dans la liste des œuvres de Boyer, ni dans les témoignages contemporains — alors que Boyer était considéré comme un grand auteur tragique et que les gazetiers signalaient les créations de toutes ses pièces. C'est seulement vingt ans plus tard qu'il sera fait allusion pour la première fois à l'existence d'une *Thébaïde* de Boyer, et cela dans des conditions extrêmement particulières. En 1686, enragé d'être empêché de publier en France son *Dictionnaire universel* et d'avoir en outre été exclu de l'Académie française l'année précédente, Furetière écrivit son *Second Factum*, où il se déchaîna contre ceux qui avaient voté cette mesure d'exclusion, au premier rang desquels Benserade, La Fontaine et Boyer. Assurant que Claude Boyer s'était tourné vers le théâtre parce que, quoique bachelier en théologie, il n'avait pu trouver un lieu pour prêcher, il ajoutait : « On lui a reproché un jour, qu'il prêchait dans les déserts de la Thébaïde, à cause de la solitude qui se trouva à la représentation d'une

---

1. Seul P. Mesnard, dans son édition des *Œuvres complètes* de Racine et dans sa Notice biographique qui en fait l'ouverture, a soutenu que *La Thébaïde* a bel et bien été annoncée à l'Hôtel de Bourgogne.

de ses Pièces qui portait ce nom[1]. » Un an plus tard, dans le *Plan et dessein du poème allégorique et tragico-burlesque, intitulé Les Couches de l'Académie*[2], il revint à la charge : «Voici la relation extraordinaire contenant la liste des morts et des étouffés à la représentation de *La Thébaïde* de M. Laboyer.» Il paraît donc bien avoir existé une *Thébaïde* de Boyer. Seulement, si l'on prend garde que le *Second Factum* a été publié vers la fin d'avril 1686[3], et que *Les Couches de l'Académie* présentent l'échec de cette *Thébaïde* comme s'il était assez récent pour être encore dans toutes les mémoires, on rapprochera ces deux attaques de la création d'*Antigone* le 14 mars 1686, œuvre que Boyer fit représenter et éditer sous le pseudonyme de Pader d'Assezan — pseudonyme que railla justement Furetière dans le même passage du *Second Factum*[4].

On voit que si Furetière a rebaptisé *Antigone* du titre de *Thébaïde*, c'était pour tirer un effet comique de la superposition de la Thébaïde grecque et de la Thébaïde égyptienne, rendue fameuse par les ascètes chrétiens qui ont recherché au iiie siècle la solitude de ses déserts[5]. Qu'il ait songé à le faire

1. *Second Factum pour Messire Antoine Furetière, abbé de Chalivoy, contre Quelques-uns de l'Académie Française*, Amsterdam, Henry Desbordes, 1686, p. 12.

2. Amsterdam, Pierre Brunel, 1687.

3. Et non pas en 1685, comme on le lit ici ou là. L'édition porte la date de 1686 (voir ci-dessus la n. 1) ; elle ne contient pas d'achevé d'imprimer, mais les premières mentions qui en sont faites datent du mois de mai. Pour plus de détails, voir notre Notice de *La Thébaïde*, «Bibliothèque de la Pléiade», I, 1999, p. 1234, n. 4.

4. Pseudonyme connu de tous depuis la préface d'*Artaxerce* dans laquelle Boyer expliquait pourquoi il avait donné *Agamemnon* sous le nom de Pader d'Assezan en 1680 : il s'agissait alors de tromper la cabale qui cherchait à cette époque à faire tomber toutes ses pièces. Pseudonyme confirmé par la première phrase de la préface d'*Antigone* publiée en 1687 : «Je mis une Épître sans Préface à la tête de mon *Agamemnon* : je mets une Préface sans Épître à la tête d'*Antigone*.»

5. Cette superposition a eu un ironique (et involontaire) effet en retour dont Racine a été la victime. Celui qui a rédigé la notice *Racine* dans le *Nécrologe de l'abbaye de Port-Royal des Champs* (1723), et dont la culture exclusivement religieuse, semble-t-il, ne lui permettait de connaître que le «désert» antique de la Thébaïde d'Égypte et le «désert» moderne de Port-Royal, explique que Racine avait étudié «avec les savants solitaires qui habitaient ce désert. La solitude qu'il y trouva lui fit produire sa *Thébaïde*» (p. 166).

s'explique par l'étroite dépendance des deux sujets considérés comme les deux volets d'une même histoire : Racine lui-même écrivait dans sa préface de 1675 que «le sujet de la Thébaïde [...] avait été autrefois traité par Rotrou sous le nom d'*Antigone*», et quelques années plus tard, c'est sous le seul nom de *Thébaïde* que Grimarest désignera l'*Antigone* de Rotrou. L'extrême célébrité (de scandale) du *Second Factum* de Furetière explique que, après bien des années, Brossette ait gardé en mémoire que Boyer avait écrit, un jour, une *Thébaïde* malheureuse. De là à la rapprocher de celle de Racine, il n'y avait qu'un pas : lorsqu'on connaît l'acharnement avec lequel Boileau a tenté de nuire à la réputation de ce malheureux auteur durant trente ans, on ne s'étonnera pas que son panégyriste à son tour ait songé à le rabaisser en lui prêtant aussi légèrement un échec imaginaire en 1663.

UN ACCORD DE CIRCONSTANCE

Il n'y a donc eu qu'une seule *Thébaïde* en 1663-1664, celle de Racine, et c'est bien à l'Hôtel de Bourgogne qu'il destinait sa pièce, comme c'est la troupe de l'Hôtel et non celle du Palais-Royal qui a suivi son élaboration. Ce qui est parfaitement logique : la même troupe, on l'a vu, avait suivi l'élaboration des «Amours d'Ovide» deux ans plus tôt. Mais sa *Thébaïde* une fois annoncée à l'Hôtel de Bourgogne, le débutant allait devoir s'armer de patience. La Troupe royale venait à peine de monter en ce début de décembre *Trasibule*, une tragi-comédie d'Antoine de Montfleury (le fils aîné du célèbre comédien) : elle avait dû annoncer *Pyrrhus, Roi d'Épire*, tragédie de Thomas Corneille (qui fut créée à la mi-janvier 1664), *Les Amours d'Angélique et de Médor*, tragi-comédie de Gabriel Gilbert (créée quelques semaines plus tard), et très certainement *Othon*, la nouvelle tragédie du grand Corneille, revenu à un rythme d'une pièce par an ; mais on évitait de créer une tragédie, à plus forte raison une tragédie de Corneille, au printemps ou durant l'été, et *Othon*, après une prestigieuse avant-première à Fontainebleau devant la cour les 31 juillet et 1er août, ne fut donnée

sur la scène de l'Hôtel qu'en novembre. De la patience, donc :
La Thébaïde avait toutes les chances de devoir attendre une
bonne dizaine de mois ; peut-être beaucoup plus si *Othon*
rencontrait un succès prolongé.

C'est à ce moment qu'intervint un événement considérable
pour la destinée de la pièce, pour la carrière de Racine et
pour Molière. Du 7 au 13 mai 1664, les jardins de Versailles
avaient été le cadre de la première des grandes fêtes du règne
de Louis XIV. Les trois premières journées avaient été arti-
culées autour d'un thème proposé par le duc de Saint-Aignan
à partir d'un épisode du *Roland furieux* de l'Arioste (« Les
Plaisirs de l'Île enchantée »), une « comédie galante mêlée de
musique et d'entrées de ballet », *La Princesse d'Élide* de Molière,
ayant été le clou de la deuxième journée. « Les Plaisirs de l'Île
enchantée » terminés au soir du 9 mai, les réjouissances se
prolongèrent encore quatre jours, les trois dernières soirées
étant animées par la troupe de Molière, qui donna successivement *Les Fâcheux* (le 11 mai), la première version du *Tartuffe*
(le 12) et *Le Mariage forcé* (le 13). Extraordinaire succès, on le
voit, pour Molière et ses comédiens, malheureusement
entaché par une rude déconvenue : convaincu par l'archevêque de Paris, Hardouin de Péréfixe, son ancien précepteur,
qu'il ne pouvait en même temps se faire le héraut de l'ortho-
doxie catholique et cautionner une comédie qui ridiculisait la
dévotion, Louis XIV défendit à Molière de représenter *Le
Tartuffe* sur la scène du Palais-Royal[1] — en dépit de la satisfaction qu'il avait manifestée en voyant la pièce.

Coup dur pour le chef de la troupe du Palais-Royal, qui
depuis plus d'un an n'avait créé que de courtes pièces polé-
miques dans le cadre de la querelle de *L'École des femmes*, ainsi
qu'une comédie du duc de Saint-Aignan, *Bradamante ridicule*,
vite abandonnée malgré de bons débuts[2]. La seule nouveauté

---

1. Ainsi la *Gazette de France* du 17 mai (cinq jours après la représentation) parle des « défenses de représenter une pièce de théâtre intitulée *L'Hypocrite*, que Sa Majesté, pleinement informée de toutes choses,
jugea absolument injurieuse à la religion et capable de produire de très
dangereux effets ».
2. « Le jeudy 10 janvier joué dans notre salle au Palais-R. pour le Roy
la *Bradamante Ridicule* qui nous avoit esté donnée et commandée de la
jouer par Mr le Duc de St Aignan Ier gentilhomme de la Chambre qui

de la plume de Molière, *Le Mariage forcé*, était une petite comédie-ballet, donnée à la cour le 29 janvier et offerte au public parisien le 15 février ; mais après un bon début, les recettes avaient vite décliné, et elle fut retirée de l'affiche après le 11 mars. Depuis lors, le Palais-Royal ne vivait que de reprises : jusqu'au 28 mars, date de la fermeture annuelle des théâtres, alternèrent *L'École des maris*, *L'École des femmes*, *Les Fâcheux* et *Le Cocu imaginaire*. À la réouverture, et jusqu'au départ pour Versailles le dernier jour d'avril, alternèrent *L'Héritier ridicule* de Scarron et *Cinna* de Corneille. C'est dire si la création de la nouvelle comédie de Molière était attendue et par le public et par la troupe. Sachant que le roi ne pourrait revenir rapidement sur une décision qu'il avait fait mine d'assumer pleinement, Molière se retrouva dans la nécessité de chercher ailleurs une pièce pour offrir une nouveauté au public du Palais-Royal à la place de son *Tartuffe*.

Le pire est qu'il avait prévu ce risque : un an plus tôt, en mars 1663, il avait passé un accord avec un auteur alors très connu (dramaturge de talent puis romancier à succès), La Calprenède, contre la somme de huit cents livres « pour une pièce qu'il devait faire » ; mais La Calprenède était mort en octobre suivant sans avoir composé sa pièce. Vers qui se tourner ? Il était en froid avec les frères Corneille qui avaient naguère déclaré que sa troupe n'excellait que dans « la bagatelle » et qui avaient frondé *L'École des femmes* (où, il est vrai, leurs prétentions nobiliaires avaient été égratignées) ; et lui-même les avait ensuite caricaturés dans *La Critique* et surtout dans *L'Impromptu de Versailles*. Il n'y avait plus rien à espérer ni de Gilbert — les pièces qu'il avait données au Palais-Royal autour de 1660 n'avaient guère eu de succès — ni de Boyer qu'il s'était aliéné en cessant les représentations de sa belle tragédie d'*Oropaste* à la fin de 1662 pour lancer *L'École des femmes* ; quant à Quinault, à la différence de ses deux confrères, il n'avait jamais fait d'infidélité à la Troupe royale. Mais Molière

---

avoit donné cent louis d'or à la troupe pour la despense des habits qui etoient extraordinaires » (« Registre de La Grange », reproduit dans Molière, *Œuvres complètes*, éd. cit. [2010], I, p. 1066). Le lendemain (vendredi 11) la pièce est donnée devant le public. Elle disparaît à partir du 1er février.

connaissait de mieux en mieux le jeune Racine qui avait les mêmes protecteurs que lui, le duc de Saint-Aignan, favori du roi, et Colbert, son plus puissant ministre ; et le jeune Racine avait une pièce toute prête, déjà annoncée par l'Hôtel de Bourgogne, ce qui permettait en outre au directeur du Palais-Royal de jouer un petit tour aux confrères-ennemis — petit tour qu'ils transformèrent en méchant tour un an et demi plus tard en récupérant *Alexandre le Grand* qui venait à peine d'être créé sur la scène du Palais-Royal.

Telle est la clé de la création de *La Thébaïde* par la « Troupe de Monsieur » : la conjonction de la quête d'une nouveauté par Molière et de l'impatience de Racine, qui ne pouvait espérer voir monter sa pièce par l'Hôtel de Bourgogne avant la fin de l'automne. De là cette date si mal choisie pour la première d'une nouvelle tragédie, qui explique en partie que les recettes aient été dès le premier jour si médiocres (en partie, car c'était aussi le résultat automatique d'une tragédie jouée chez Molière, tragédie d'un inconnu, qui plus est : un an et demi plus tôt, les recettes d'*Oropaste* de Boyer, auteur renommé, étaient deux fois supérieures).

Destinée à l'Hôtel de Bourgogne, et créée par raccroc au Palais-Royal après six mois d'attente, la pièce de Racine ne devait donc rien à Molière. Ce que confirma Racine lui-même dans sa préface de 1675 lorsqu'il attribua l'idée de son sujet à « quelques personnes d'esprit » qui avaient apprécié ses premiers vers. L'allusion semble volontairement obscure, comme s'il s'était agi pour le poète de dégager sa responsabilité d'avoir commis en 1663-1664 une pièce encore un peu maladroite. Mais sa correspondance permet de deviner que ce sont ses trois principaux protecteurs d'alors, Jean Chapelain[1], l'abbé Bourzeis et Charles Perrault — « conseillers culturels » de Colbert dans la « petite Académie[2] » qu'il venait de créer —, qui furent à l'origine de ce choix ; tout particulièrement le premier, à qui Racine avait soumis les deux *Odes* à la gloire

---

1. Qu'il aurait été imprudent de citer nommément en 1675 dans la mesure où sa réputation s'était effondrée (notamment sous les coups de Boileau).
2. Qui prit ensuite le nom d'Académie des inscriptions et belles-lettres.

de Louis XIV qu'il avait écrites depuis son retour d'Uzès et à qui il était redevable de son inscription toute récente sur la première liste des gratifications royales. C'est lui qui était le mieux à même de détourner le jeune poète de la veine galante à laquelle il s'était entièrement abandonné au cours des trois années précédentes. S'il voulait se lancer dans le théâtre tout en continuant à illustrer le règne de Louis XIV (et mériter ainsi de rester sur la liste des gratifiés), il fallait oublier la veine des « Amours d'Ovide » et s'attaquer à la grande tragédie.

LE DIALOGUE AVEC LES COMÉDIENS

On ne sait à quel moment de la composition de sa pièce Racine la fit accepter par les comédiens de l'Hôtel de Bourgogne : une fois que le canevas en prose avait été achevé, ou bien seulement lorsqu'il put leur lire en outre un ou deux actes entièrement versifiés ? Pour toute l'année 1663, les trois seules lettres à Le Vasseur qui ont été conservées datent de novembre et décembre, à un moment où il en était déjà au quatrième acte. Si l'on ne peut donc saisir les prémices de sa collaboration avec la troupe, on assiste néanmoins aux dernières semaines de ce qui paraît avoir été un véritable dialogue avec les comédiens.

On se souvient que dans la première lettre il regrettait de piétiner depuis quelques jours sur sa pièce : « Le 4ᵉ [acte] était fait dès samedi ; mais malheureusement je ne goûtais point, ni les autres non plus, toutes les épées tirées : ainsi il a fallu les faire rengainer, et pour cela ôter plus de deux cents vers, ce qui est malaisé[1]. » On comprend bien pourquoi il piétinait : dès qu'il avait fini de versifier un acte, il allait le lire ou le donner à lire aux comédiens. Et pour ce quatrième acte ceux-ci avaient estimé qu'en 1663 les bienséances théâtrales ne s'accommodaient plus d'épées tirées. Racine se rangea à leur avis et refit une partie de la scène concernée. Exagérait-il en parlant de deux cents vers ? À peine, probablement. Car la

1. Pléiade, II, p. 457.

scène III de l'acte IV est le moment crucial de la rencontre
entre les deux frères ennemis, qui ne se sépareront que pour
courir au combat : longue scène de débat auquel participent
tous les principaux personnages — outre Étéocle, Polynice et
leur mère Jocaste, Antigone et Hémon interviennent aussi et
même Créon dans un aparté —, elle s'étend sur 257 vers[1]. Au
vers 1183, Étéocle, en acceptant le défi que vient de lui lancer
Polynice, ironise en jugeant son frère désormais «digne du
Diadème» :

> *J'accepte ton dessein et l'accepte avec joie,*
> *Créon sait là-dessus quel était mon désir,*
> *J'eusse accepté le Trône avec moins de plaisir.*
> *Je te crois maintenant digne du Diadème,*
> *Et te le vais porter au bout de ce fer même*

C'était Polynice, et non Étéocle, qui disait dans l'*Antigone*
de Rotrou : «Et le droit que je veux est au bout de ce fer»
(II, 4). Mais dans les deux cas, le personnage accompagne ses
paroles en touchant son épée. Dans la première version,
Étéocle devait la tirer, incitant les autres hommes présents en
scène, Polynice, Hémon, Créon, à faire de même, et provoquant la réaction désespérée de leur mère, Jocaste, contrainte
d'employer son éloquence et ses larmes pour les désarmer.
Faute de goût que toutes ces épées tirées ? C'est-à-dire que
Racine, dans son subtil et original travail de réécriture de ses
modèles, n'avait pas résisté devant la «scène à faire» : chez
Sénèque, Garnier et Rotrou, Jocaste se précipitait sous les
murailles de Thèbes pour séparer ses deux fils qui s'appro-
chaient l'un de l'autre prêts à s'ensanglanter ; les efforts qu'elle
déployait alors pour faire mettre bas les armes aux deux frères
s'étendaient sur des dizaines de vers. Racine avait déplacé le
lieu de la rencontre (une entrevue dans le palais), transformé
ses conditions (Jocaste croit encore à une réconciliation),
mais il n'avait pas voulu se priver de ce moment hautement
pathétique. Son goût pour la justesse l'en fit vite revenir : il vit
qu'il avait tout à gagner à se montrer docile aux réticences des

---

1. Dans une tragédie en cinq actes, chaque acte fait en moyenne
trois cent cinquante vers.

comédiens, particulièrement de Floridor, le directeur de la troupe de l'Hôtel de Bourgogne, qui passait pour aussi parfait honnête homme qu'acteur hors pair.

Huit jours plus tard[1], en annonçant qu'il avait presque achevé l'ensemble, il faisait lire à son correspondant la première des stances d'Antigone qui ouvrent le cinquième acte. Il était fier de ses stances sur l'Ambition :

J'y ai mis des stances qui me satisfont assez. En voilà la première. Car je n'ai guère de meilleure chose à vous écrire :

> *Cruelle Ambition dont la noire malice*
> *Conduit tant de monde au trépas,*
> *Et qui feignant d'ouvrir le trône sous nos pas*
> *Ne nous ouvres qu'un précipice :*
> *Que tu causes d'égarements,*
> *Qu'en d'étranges malheurs tu plonges tes Amants !*
> *Que leurs chutes sont déplorables !*
> *Mais que tu fais périr d'Innocents avec eux !*
> *Et que tu fais de misérables*
> *En faisant un Ambitieux !*

Et il conclut : « C'est un lieu commun qui vient bien à mon Sujet. » Ce qu'il omit de préciser, c'est qu'il avait suivi ici Rotrou, qui ouvrait son troisième acte sur trois strophes de stances prononcées par Antigone, *en deuil, dans sa chambre.* Trois strophes qui développaient un lieu commun sur les rigueurs de l'aveugle Fortune : on voit que Racine s'était borné à transposer le lieu commun de la Fortune en lieu commun de l'Ambition. Mais n'était-ce pas là encore, en 1663, une faute de goût ? Les stances étaient en train de passer de mode. Que Racine y ait songé, c'est à mettre au compte, comme pour les épées tirées, de sa difficulté à s'affranchir de ses modèles. Mais comment les comédiens ont-ils pu les accepter ? Les réclamer, même, comme le laisse entendre la lettre suivante ? Cette fois, ce sont eux qui étaient prisonniers d'un modèle. Celui de l'*Œdipe* de Corneille, qu'ils avaient eux-mêmes créé avec

1. Pléiade, II, p. 458. Nous suivons le texte du manuscrit pour la ponctuation et les majuscules.

succès quatre ans plus tôt, et qui montre l'héroïne, Dircé, prononcer des stances au commencement du troisième acte.

Enfin, la troisième lettre, datée de décembre, précisait que le dernier acte était achevé et qu'il avait dû changer « toutes les stances avec quelque regret » :

> *Ceux qui me les avaient demandées s'avisèrent ensuite de me proposer quelque difficulté sur l'état où était ma princesse, peu convenable à s'étendre sur des lieux communs. J'ai donc tout réduit à 3 stances, et ôté celle de l'*ambition, *qui me servira peut-être ailleurs*[1].

De même qu'il s'était abstenu d'indiquer la première fois qu'il se livrait à une réécriture des stances de Rotrou, il négligea de dire ici que pour cette nouvelle version il avait repris l'idée maîtresse des stances insérées par Corneille dans son *Œdipe*. Désormais plus de lieu commun, mais un beau déchirement cornélien : nécessité de mourir contre appel de l'amour. Il y avait de quoi satisfaire les comédiens de l'Hôtel de Bourgogne. Et Molière, en admirateur de Corneille qu'il était, n'a rien dû trouver à y redire quelques mois plus tard lorsqu'il décida de monter la pièce.

SUR LA SCÈNE ENFIN

La Thébaïde fut jouée pour la première fois par la troupe de Molière le 20 juin 1664, sur la scène du théâtre du Palais-Royal, comme l'atteste le *Registre* tenu par le comédien La Thorillière. En l'absence de tout compte-rendu par les gazetiers, on ne dispose d'aucun renseignement sur la distribution originale. Seule certitude : Molière avait cessé depuis plus d'un an de jouer dans les tragédies et n'apparaissait plus désormais que dans ses propres pièces. Rendant compte d'une reprise de la pièce donnée en octobre 1721, *Le Mercure galant* donna pour certaine (mais sans citer ses sources) la distribution sui-

---

1. *Ibid.*, p. 458-459.

vante : à la création Hubert aurait interprété Étéocle, La Grange, Polynice, Madeleine Béjart, Jocaste, Catherine de Brie, Antigone, La Thorillière, Créon, Béjart, Hémon. On ne peut faire que des hypothèses pour les rôles d'Attale (Du Croisy ?) et d'Olympe (Marquise Du Parc ? Armande Béjart, dite Mlle Molière ?).

La création eut lieu un vendredi, conformément aux usages. En cette période où l'on jouait trois fois par semaine — mardi, vendredi et dimanche, « jours ordinaires de comédie » —, on créait presque toujours les nouvelles pièces le vendredi afin de susciter un effet d'appel pour la représentation suivante, le dimanche, jour de plus forte affluence. Le registre atteste aussi le succès très médiocre de la pièce : trois cent soixante-dix livres dix sols pour la première, ce qui correspond à une salle plus qu'à moitié vide. La deuxième représentation rapporta moins de trois cents livres : maigre recette pour un dimanche ; à peine cent trente livres pour la quatrième, le vendredi suivant, alors qu'on avait rehaussé le spectacle d'un intermède de danse dès la troisième. À partir du dimanche 29 juin, pour maintenir la pièce à l'affiche, Molière dut lui adjoindre, comme il le faisait souvent dans les mêmes circonstances, une petite comédie qui complétait le spectacle[1]. Les recettes remontèrent alors jusqu'à quatre cent trente livres le vendredi 4 juillet, puis oscillèrent entre deux cent vingt-deux et trois cent quarante et une livres (chiffre atteint le vendredi 11 juillet), mais elles tombèrent ensuite à nouveau jusqu'à cent cinquante et cent cinquante-huit livres (les 15 et 18 juillet). Après quelques semaines d'interruption (la troupe avait rejoint le roi à Fontainebleau), Molière remit la pièce à l'affiche le dimanche 24 août accompagnée de son *Sganarelle ou le Cocu imaginaire* : les recettes s'élevèrent à trois cent soixante-trois livres, mais elles retombèrent à deux cent dix-neuf livres le mardi, et la pièce fut retirée. Les frais déduits, la part de chaque comédien atteignait à peine six livres cinq sous. Il y avait de quoi estimer que l'expérience avait assez duré, et le dimanche suivant la troupe reprit une valeur sûre, *L'Étourdi* de Molière. En tout, quatorze représentations cette année-là,

---

1. *Le Médecin volant* (29 juin, 4, 6 et 8 juillet), *Gorgibus dans le sac* (13 et 15 juillet), *Le Cocu imaginaire* (24 et 26 août).

auxquelles s'ajoutent trois autres *en visite* (représentations privées), dont une devant le roi et la cour à Fontainebleau à la fin de juillet. Ce n'est guère brillant et l'on devine que la carrière de *La Thébaïde* aurait été encore plus courte sans la volonté de Molière de maintenir à tout prix à l'affiche son unique nouveauté de la saison. Cette persévérance était aussi une manière de lancer un poète jugé prometteur (et protégé) et de lui ôter de l'idée que sa pièce aurait pu connaître un meilleur sort à l'Hôtel de Bourgogne.

Ce très médiocre succès trouve sans doute son origine dans la combinaison de deux facteurs : le sujet a pu être considéré par beaucoup comme excessivement violent, comme Racine l'a concédé dix ans plus tard en préfaçant la réédition de la pièce ; à l'heure du triomphe de la tragédie à tonalité galante, il fallait s'appeler Corneille pour attirer les spectateurs en se lançant dans ce registre. Ensuite la pièce a certainement souffert de la très mauvaise période choisie pour son lancement. L'intérêt commun d'un Molière pris de court par l'interdiction de son *Tartuffe* et d'un Racine las d'attendre que son tour vînt enfin à l'Hôtel de Bourgogne leur avait fait passer outre à une habitude bien ancrée dans les mœurs théâtrales de l'époque. En 1674, l'auteur d'un ouvrage intitulé *Le Théâtre français*, Samuel Chappuzeau, la rappela en ces termes : « L'hiver est destiné pour les pièces héroïques, et les comiques règnent l'été, la gaie saison voulant des divertissements de même nature[1]. » Le 20 juin eût été le bon moment pour créer *Le Tartuffe* au Palais-Royal ; mais c'était le plus mauvais pour la première tragédie d'un auteur inconnu. Les usages sont têtus, aucun gazetier ne prit la peine de se déplacer pour rendre compte du spectacle, et Racine en fit les frais.

Toutefois, le modeste destin de la pièce ne semble pas être passé inaperçu aux yeux de tout le monde. Vers la fin du même été 1664, Boileau préparait sa première *Satire*. Il en a été conservé une version antérieure à la publication dans laquelle Racine était pris à partie :

> *On a beau se flatter d'un mérite inutile,*
> *Le plus heureux l'emporte, et non le plus habile,*

---

1. *Le Théâtre français*, éd. cit., livre II, chap. XIV, p. 59.

> *Et parmi cet amas de tant de grands esprits,*
> *Un Racine, un Ménage auront les premiers prix.*
> *On verra préférer, d'une erreur sans pareille,*
> *Le plus sot au plus docte, et Boyer à Corneille*[1].

Au moment où Boileau écrivait ces vers, Racine était depuis quelques mois inscrit sur la liste des gratifications royales. Son mérite devait paraître bien mince aux yeux du jeune satiriste : deux odes à la gloire du roi, une tragédie qui n'avait pas fait parler d'elle. De là son association avec le savant Ménage qui prétendait maladroitement se faire un nom dans la poésie et que Molière satirisa huit ans plus tard sous les traits de Vadius dans *Les Femmes savantes*. Les noms de Ménage et de Racine furent vite effacés pour être remplacés par des noms fictifs, Thémiste et Valère, qui apparaissent dans une édition pirate publiée à Rouen en 1666, première version imprimée de la satire[2]. Des amis communs avaient dû s'entremettre — peut-être l'abbé Boileau, frère du satiriste, sûrement Molière —, et persuader Boileau qu'il fallait laisser sa chance au jeune Racine. Boyer, pour sa part, appartenait depuis trop longtemps au réseau de Chapelain pour que Boileau changeât jamais d'avis envers lui. Néanmoins, en publiant officiellement son premier recueil de *Satires* quelques mois plus tard, désavouant au passage l'édition « monstrueuse » de Rouen, il préféra supprimer tout le passage.

Pour Racine, ces débuts peu brillants ne constituèrent cependant pas une mauvaise affaire. Molière affecta de lui maintenir sa confiance et n'hésita pas à donner une représentation de la pièce à Fontainebleau devant le roi (à la fin du mois de juillet), au milieu d'une série de quatre reprises de *La Princesse d'Élide* qu'il avait écrite spécialement pour la grande fête des « Plaisirs de l'Île enchantée » du mois de mai précédent, et qui avait fait les délices de Louis XIV. Il semble que la cour ne dédaigna pas la pièce de Racine, puisque Molière la redonna un mois plus tard devant Monsieur, frère du roi, le protecteur de la troupe, lors d'une visite à Villers-Cotterêts, au milieu

---

1. *NCR*, p. 27.
2. Voir Boileau, *Œuvres complètes*, éd. F. Escal, Gallimard, « Bibliothèque de la Pléiade », p. 870.

d'une série de comédies, parmi lesquelles *Le Tartuffe* (plus que jamais interdit de représentations publiques).

Financièrement, la petite carrière de sa pièce offrit un gain appréciable au jeune homme encore endetté qu'était Racine. L'usage s'était établi depuis une vingtaine d'années de verser à l'auteur un pourcentage des recettes. Il semble que ce soit Corneille qui ait obtenu de bénéficier de ce système au début des années 1640, après avoir été échaudé par l'affaire du *Cid* vendu à forfait aux comédiens du Marais sans qu'il ait pu ensuite obtenir de rallonge lorsque la pièce s'était révélée être un triomphe sans précédent. Le système désormais en vigueur dans les trois théâtres parisiens était extrêmement simple. La recette quotidienne était d'abord amputée des frais fixes (gages du personnel et chandelles) et éventuellement de frais exceptionnels : à l'issue de la représentation du 29 juin 1664 (*La Thébaïde* suivie du *Médecin volant* de Molière), qui avait rapporté trois cent dix livres, on avait prélevé neuf livres pour payer les soins du portier blessé par des hommes armés qui avaient voulu entrer sans payer ; pour la séance suivante, il fallut payer onze livres au frère du portier blessé qui l'avait remplacé, et quinze livres à des soldats qui gardaient l'entrée. La recette était ensuite divisée en parts égales : la plupart des comédiens recevaient une part entière, quelques-uns (débutant ou actrice mariée à un comédien récemment engagé) une demi-part. Selon les théâtres, l'auteur recevait lui-même une ou deux parts. Au Palais-Royal, c'était deux parts, versées en une seule fois au moment où la pièce était retirée de l'affiche. Le second *Registre* de La Thorillière mentionne ainsi, à la date du 31 août 1664, que « les deux parts d'auteur de *La Thébaïde* » s'élevèrent à trois cent quarante-huit livres. Comme le même registre mentionne en outre une somme de vingt-quatre livres « pour achever de payer un orfèvre pour M. Racine », il faut comprendre que la somme fut donnée à Racine dans une bourse brodée d'or et d'argent. C'était ce qui s'était passé en décembre 1662 lorsque Molière avait retiré de l'affiche l'*Oropaste* de Boyer, après une quinzaine de représentations, pour créer son *École des femmes* : Boyer avait reçu une bourse brodée d'or et d'argent qui contenait cent demi-louis, environ six cents livres.

VERS L'OUBLI

Molière reprit la tragédie de Racine à six reprises l'année suivante, les 6 et 8 février 1665 — à la veille de la création de son *Festin de Pierre* (*Dom Juan*) —, les 17 et 19 avril (avec *Le Cocu imaginaire*) — au lendemain du relâche de Pâques qui vit la disparition définitive du *Festin de Pierre* de l'affiche —, les 2 et 4 octobre (avec *L'Amour médecin*). Comme la pièce avait été publiée, elle était tombée dans le domaine public et ne rapportait plus rien à Racine. Sa reprise pouvait cependant lui apporter quelque surcroît de notoriété. Et il semble bien que ce soit dans un but publicitaire que Molière ait ainsi entretenu la flamme. Car si les recettes de février avaient été presque honorables (deux cent cinquante-cinq et quatre cent soixante livres), celles d'avril se révélèrent désastreuses (cent quarante-cinq et cent quatre-vingt-cinq livres), et l'on peut se demander pourquoi le directeur du Palais-Royal tint à reprendre encore la pièce en octobre, même s'il fut bien inspiré puisque, divine surprise, les recettes s'élevèrent à six cent cinquante-huit et cinq cent vingt-deux livres, les plus fortes jamais atteintes par *La Thébaïde*. Sans doute Molière voulait-il rendre le nom de Racine familier au public : en octobre le jeune auteur avait achevé depuis longtemps la composition de sa nouvelle pièce, *Alexandre le Grand*, elle était déjà annoncée et l'on attendait l'occasion la plus favorable de la créer. Comme Racine avait commencé à en lire des extraits dans les salons dès le mois de février, la «politique commerciale» de Molière achevait de créer un effet d'attente en faveur de la prochaine création. Le calcul était parfaitement réussi : non seulement la création d'*Alexandre* devait passer pour un événement en décembre, mais les deux dernières séances de *La Thébaïde* en profitèrent. Les six cent cinquante-huit livres du 2 octobre 1665 furent sans doute le salaire de la notoriété naissante, même si Racine n'en vit pas l'ombre d'un sou, puisque depuis sa publication, le 30 octobre 1664, la pièce était dans le domaine public : chaque troupe pouvait la reprendre sans demander son avis à l'auteur et, à plus forte raison, sans lui verser quoi que ce soit.

Les succès de plus en plus considérables qu'obtinrent les

pièces suivantes de Racine firent rapidement oublier *La Thébaïde*, ce que semblent confirmer les premières lignes de la préface rédigée par l'auteur pour la première édition collective de son théâtre (1675). Il semble néanmoins que l'Hôtel de Bourgogne, dont Racine devint bientôt l'auteur attitré, ait tenu à conserver sa première tragédie à son répertoire[1]. Elle passa naturellement en 1680 dans celui de la Comédie-Française, issue de la fusion de la Troupe royale de l'Hôtel de Bourgogne et de la Troupe du Roi du théâtre Guénégaud (celle-ci résultait de la fusion en 1673 de l'ancienne troupe de Molière et de la troupe du Marais). Jusqu'à la fin du XVIIe siècle elle y fut jouée à sept reprises, mais seulement huit fois durant tout le XVIIIe siècle (dont quatre représentations d'affilée en octobre 1721). Elle n'eut que deux représentations au XIXe siècle.

Le XXe siècle lui réserva un meilleur accueil. La Comédie-Française la joua à quarante-deux reprises, à l'occasion de deux séries de représentations[2]. La première eut lieu en 1929, et elle ne semble avoir eu qu'un succès de curiosité. Plus remarquée, en revanche, fut la mise en scène de Iannis Kokkos en 1995. Ce décorateur de théâtre d'origine grecque était passé à la mise en scène quatre ans plus tôt en réglant *Iphigénie* à la Comédie-Française et son approche de la première tragédie grecque de Racine était très attendue. Sa mise en scène dépouillée dans un décor de palais en ruine (laissant apparaître une fresque inspirée de Poussin), les robes noires des femmes et les longs manteaux de couleur foncée pour les personnages masculins, tout visait à souligner la dimension crépusculaire d'un conflit de passions sur fond de guerre civile (certains spectateurs ont cru y voir une allégorie de Sarajevo déchirée par la guerre)[3]. Parallèlement la pièce a été repré-

---

1. Elle figure dans la partie du mémoire des décorateurs de l'Hôtel de Bourgogne (dit *Mémoire de Mahelot*) qui a été rédigée vers 1678 (*Le Mémoire de Mahelot*, éd. P. Pasquier, Champion, 2005).
2. Ce qui laisse néanmoins *La Thébaïde* loin derrière *Iphigénie* (137), *Bajazet* et *Esther* (152), *Athalie* (160), *Mithridate* (166) et surtout *Bérénice* (394), *Phèdre* (473), *Britannicus* (546) et *Andromaque* (626). Précisons qu'*Alexandre le Grand* n'a jamais été repris au XXe siècle.
3. Distribution : Redjep Mitrovitsa et Jean-Yves Dubois (Étéocle et Polynice), Catherine Samie (Jocaste), Michel Favory (Créon), Anne

sentée à trois reprises sur d'autres scènes parisiennes : au Théâtre Montparnasse-Gaston-Baty en 1964, au Nouveau Carré Silvia-Monfort en 1978 et au Théâtre Lucien-Paye de la Cité internationale en 1992.

Enfin, en 2007 *La Thébaïde* a été montée dans la salle Maria-Casarès du Centre dramatique national de Montreuil dans une mise en scène de Sandrine Lanno, qui avait choisi d'accompagner les alexandrins de Racine des accords d'une guitare électrique, avec Anne Alvaro dans le rôle de Jocaste, entourée de jeunes comédiens[1].

Signalons pour finir une adaptation réalisée par Claude Bonin (créée en 2006 et reprise en 2009 au Théâtre de l'Épée-de-Bois) sous le titre *Thébaïde ! Fils d'Œdipe !* Un texte écrit « d'après Racine et Sophocle » et représenté par quatre comédiens et un narrateur[2].

Kessler (Antigone), et aussi Alexandre Pavloff (Hémon) et Nathalie Nerval et Malik Faraoun (Olympe et Attale).

1. Bruno Blairet, Nazim Boudjenah, Selim Clayssen, Mélanie Couillaud, Vincent Macaigne, Mélanie Menu.

2. Compagnie du Château-de-Fable : avec Bénédicte Jacquard (Jocaste), Serge Poncelet (Créon), Marie Delmarès (Antigone), Cédric Revollon (Étéocle, Polynice), Yohann Mateo Albaladejo (Anamnèse ou le narrateur).

NOTE SUR LE TEXTE

La Thébaïde a fait l'objet de quatre éditions contrôlées par Racine : l'édition originale de 1664, puis les trois éditions collectives de 1676, 1687 et 1697, qui sont décrites dans la « Note sur la présente édition », p. XCVII-CIV de notre édition de la Pléiade.

Nous avons suivi le texte de la première édition en nous bornant à moderniser l'orthographe, à corriger les coquilles et les oublis manifestes (corrections faites sur la base des éditions postérieures)[1], et à introduire les italiques, conformément à l'usage moderne, pour distinguer les titres des œuvres citées par Racine dans sa préface.

En ce qui concerne les discours rapportés, signalés aujour-

---

1. Liste des corrections (les oublis de majuscules sont signalés uniquement lorsque à quelques vers d'intervalle le même mot est repris avec une majuscule et que l'oubli est réparé dans les éditions postérieures) :
v. 96 *crime* (,) (.) [ponctuation illisible] / 151 *Hé ! bien,* / 191 *à* (1664-1676) / 228 *hommes ;* / 231 *La Victoire Créon n'est* / 300 *Leur* / 340 *Amante.* / 351 *obstacle ;* / 404 *Pays j'abandonnai* / 423 *la* / 450 *condamné !* / 520 *davantage,* / 547 *carigne* / 589 *douceur* (pas de ponctuation) / 590 *sœur.* / 733 *descendu.* / 736 *prétendre,* / 757 *punisse* / 762 *mil* / 767 *fatale* (pas de ponctuation) (1664-1687) / 799 *nôtres.* / 816 *vivre* / 836 *prononcer j'obéirai* / 934 *le* / 1004 *les* / 1049 *cours.* / 1106 *le trône* / 1122 *met* [maintenu dans toutes les éd.] / 1209 *aujourd'hui.* (1664-1676) / 1228 *Couronne* / 1238 *rang* (,) (.) [ponctuation illisible] / 1246 *jour ?* / 1276 *voyons* (1664-1676) / 1321 *lieu,* / 1329 *leur* / 1423 *Fils,* / 1430 *leur* / 1476 *malheureux.* / 1483 *courir* [pas de ponctuation] / 1561 *Croyez-vous, la* / 1612 *enfin* / 1612 *sortir.* / 1623 *fut* / 1633 *envie.*

d'hui par des guillemets, nous les avons signalés par des italiques en nous fondant sur l'usage adopté par Racine à partir de *Britannicus* (conformément à la pratique de tous ses confrères) et dont il fera bénéficier les éditions postérieures de *La Thébaïde*.

Voici la description de l'édition originale :

In-12, Paris, chez Claude Barbin (ou Gabriel Quinet), 4 ff. non chif. [I, I bl-6], 70 pp. chif.[1], 1 f. non chif.

(I) LA / THEBAYDE / OV / LES FRERES / ENNEMIS. / TRA-GEDIE. / [Fleuron : panier de fruits et de fleurs] / A PARIS, / Chez CLAUDE BARBIN, au Palais, / vis à vis le grand Portail de la Sainte / Chapelle, au signe de la Croix. / [filet] / M.DC.LXIV. / Avec *Privilege du Roy.*

(II) [verso blanc]

(III-VII) A MONSEIGNEUR LE DUC DE S. AIGNAN

(VIII) ACTEURS

1-70 [le texte de la pièce]

(71) Extrait du Privilege du Roy[2].

(72) [blanc]

L'achevé d'imprimer est daté du 30 octobre 1664.

Enfin toutes les éditions ont numéroté par erreur la scène IV de l'acte III : scène V.

Nous n'avons pas signalé l'absence presque systématique d'accent diacritique sur *où* et sur *à*.

Fautes d'impression dans les éditions postérieures [entre crochets la numérotation traditionnelle correspondant au texte de 1697] :

v. 434 [382] *sa sœur* (1687-1697) / 578 [502] *pleures* (1697) / 589 [513] *douceur.* (1676-1687) / 670 [586] *cher Olympe* (1676-1697) / 740 [652] *Regardant* (1687-1697) / 740 [652] *sacrifice,* (1687-1697) / 745 [657] *retirés.* (1697) / 771 [679] *larmes.* (1687-1697) / 940 [840] *Diadème,* (1687-1697) / 975 [875] *puissante* (1697) / 981 [881] *réunir.* (1676-1697) / 1079 [979] *mon Fils* (1697) / 1091 [991] *crime.* (1697) / 1122 [1022] *met* (dans toutes les éd.) / 1204 [1096] *sienne.* (1697) / 1267 [1139] *couronnez vous même* (1697) / 1276 [1148] *voyons* (1697) / 1294 [1166] *Dieux.,* (1697) / 1327 [1199] *généreux! Hémon,* (1697) / 1604 [1464] *regret* (1676-1697).

1. La p. 66 est chiffrée 96, la p. 68, 98.

2. Le privilège a été accordé à Claude Barbin, qui y a associé Thomas Jolly et Gabriel Quinet. Seul Quinet a usé de cette association et a procédé à une émission à partir de la même composition typographique que l'édition Barbin.

Bibliothèque nationale de France : Rés. Yf 3980, 3981, 3204.

Département des Arts du spectacle de la BnF : Rf 4535 et 4536 Rés.

La Thébaïde est l'ouvrage de Racine auquel il a apporté le plus de modifications : comme l'indique la préface qu'il lui adjoint en 1675, au moment où il opère les plus nombreuses et les plus importantes transformations, il avait à cœur d'en gommer les aspects qui marquaient le plus — selon lui — ses premiers pas hésitants dans la carrière tragique.

Dans cette première édition collective, il y eut 231 modifications par rapport à l'édition originale. 160 ont porté seulement sur la ponctuation ; 52 sur un mot ou un vers ; et 19 sont des coupures de groupes de vers. Mais ces coupures ont eu un effet considérable puisque ce sont ainsi 128 vers qui ont été supprimés.

La révision de 1687 n'apporta pas de bouleversements : le texte ne subit que 63 retouches, dont 50 pour la seule ponctuation. Aucun groupe de vers n'a été supprimé.

Plus approfondie fut la dernière révision (1697) : on dénombre 133 retouches. 62 concernent la seule ponctuation (un grand nombre de virgules remplacées par des points en fin de vers) ; 67 sont des modifications d'un mot ou d'un vers ; 3 sont des coupures (16 vers supprimés) ; et 1 constitue l'unique ajout que Racine ait apporté dans ses révisions (4 vers dans la scène I de l'acte IV).

On trouvera dans les notes nos propres commentaires aux variantes les plus importantes[1]. L'unique édition critique de *La Thébaïde* contient l'étude des variantes de mots et de vers, à l'exclusion des variantes de ponctuation : Michael Edwards, *La Thébaïde de Racine. Clé d'une nouvelle interprétation de son théâtre*, Nizet, 1965.

Nous avons adopté une présentation matérielle qui permet

---

1. Parmi les suppressions les plus notables, signalons 16 vers d'affilée, acte I, sc. 3 (un développement de caractère machiavélien sur la parole des rois : v. 111-125) ; 20 vers d'affilée, acte IV, sc. 3 (la vertu et le droit à la reconquête de la couronne perdue : v. 1220-1239) ; 16 vers (2 fois 8 v.), acte II, sc. 1 et 24 vers (4-16-4), acte II, sc. 2 (dialogue amoureux entre Hémon et Antigone).

de mesurer exactement les suppressions opérées par Racine au fil des nouvelles éditions de *La Thébaïde* : tandis qu'à la gauche du texte court une numérotation continue des vers (numérotés de cinq en cinq), à droite apparaît — mais seulement à partir du premier passage supprimé — une seconde numérotation (de dix en dix) qui tient compte uniquement des vers conservés dans la version définitive. Cette seconde numérotation permet ainsi le repérage immédiat des vers supprimés : lorsque à droite le chiffre 100 est séparé par dix vers du chiffre 101, cela signifie que Racine a biffé ces dix vers. L'avantage le plus évident de cette double numérotation est qu'elle permet de retrouver tout vers cité dans les ouvrages critiques sur Racine, quelle que soit l'édition prise en compte par les auteurs de ces ouvrages (ce qui nous dispense de proposer pour chaque pièce une complexe « table de concordance »).

REPÈRES BIBLIOGRAPHIQUES

L'ampleur considérable de la bibliographie racinienne nous a conduit à présenter ci-après une sélection très étroite des travaux publiés au cours des soixante dernières années.

I. ÉDITIONS

Racine, *Œuvres complètes*, par Raymond Picard, Gallimard, « Bibliothèque de la Pléiade », t. I, 1951, t. II, 1952.

Racine, *Œuvres complètes*, par Georges Forestier, Gallimard, « Bibliothèque de la Pléiade », 1999, t. I.

Racine, *Théâtre complet*, par Jacques Morel et Alain Viala, Garnier, 1980 (nouvelle éd. 2010).

Racine, *Théâtre complet*, par Jean-Pierre Collinet, Gallimard, « Folio classique », 1982-1983, 2 vol.

Racine, *Théâtre complet*, par Philippe Sellier, Imprimerie nationale, « La Salamandre », 1995, 2 vol.

Racine, *Théâtre complet*, par Jean Rohou, Hachette, 1998 (coll. « La Pochothèque »).

II. SUR RACINE

Jeunesse de Racine, 1958-1971.

Cahiers raciniens, 23 février 1957-12 décembre 1974.

Actes du premier congrès international racinien (Uzès, 7-10 septembre 1961), Uzès, 1962.

Corneille and Racine. Parallels and contrasts, éd. R. J. Nelson, Englewood Cliffs, Prentice Hall, 1966.

« Racine », *Europe*, n° 453, janvier 1967.

« Jean Racine », *L'Esprit créateur*, n° 8, 2, été 1968 (p. 85-167).

Racine, éd. Wolfgang Theile, Darmstadt, Wissenschaftliche Buchgesellschaft, 2 vol., 1974 et 1976.

Racine. Mythes et réalité, actes du colloque Racine (London, Canada, 1974), éd. Constant Venesoen, Paris, Librairie d'Argences, 1976.

« Racine », *CAIEF*, n° XXXI, mai 1979, p. 87-186.

Relectures raciniennes. Nouvelles approches du discours tragique, éd. Richard L. Barnett, Paris-Seattle-Tübingen, PFSCL/Biblio 17, 1986.

Racine. La Romaine, la Turque, la Juive, éd. P. Ronzeaud, Aix-en-Provence, Université de Provence, 1986.

« Autour de Racine. Studies in intertextuality », *Yale French Studies*, n° 76, 1989.

Racine. Appraisal and Reappraisal, éd. Edward Forman, University of Bristol, 1991.

Racine : théâtre et poésie, actes du colloque E. Vinaver (Manchester, 1987), éd. Chr. M. Hill, Leeds (G.-B.), Francis Cairns Publications, 1991.

Racine et Rome, éd. Suzanne Guellouz, Paradigme, 1995.

« Racine », *Cahiers de la Comédie-Française*, n° 17, 1995.

« Racine, *Britannicus, Bérénice, Mithridate* », *Littératures classiques*, n° 26, 1996.

« Racine », *Œuvres et critiques*, n° XXIV-1, 1999.

« Racine poète », éd. Bénédicte Louvat et Dominique Moncond'Huy, *La Licorne*, n° 50, 1999.

Racine et/ou le classicisme, actes du colloque de Santa-Barbara (octobre 1999), éd. Ronald Tobin, Biblio 17, Tübingen, Gunter Narr Verlag, 2001.

Racine, the Power and the Pleasure, actes du colloque de Dublin (octobre 1999), éd. E. Caldicott et Derval Conroy, University College Dublin Press, 2001.

Jean Racine 1699-1999, actes du colloque du tricentenaire (25-30 mai 1999), éd. Gilles Declercq et Michèle Roselini, PUF, 2003.

BACKÈS, Jean-Louis, *Racine*, Le Seuil, 1981.

BARNWELL, Harry T., *The Tragic Drama of Corneille and Racine. An Old Parallel Revisited*, Oxford, Clarendon Press, 1982.

BARTHES, Roland, *Sur Racine*, Le Seuil, 1963.

BATTESTI, Jean-Pierre, et CHAUVET, Jean-Charles, *Tout Racine*, Larousse, 1999.

BENHAMOU, Anne-Françoise, *La Mise en scène de Racine de Copeau à Vitez*, thèse de doctorat de 3ᵉ cycle, Université Paris III, 1983, 3 vol.

BERNET, Charles, *Le Vocabulaire des tragédies de Jean Racine : analyse statistique*, Paris-Genève, Champion-Slatkine, 1983.

BIET, Christian, *Racine*, Hachette, 1999.

BUTLER, Philip, *Classicisme et baroque dans l'œuvre de Racine*, Nizet, 1959.

CAMPBELL, John, *Questioning Racinian Tragedy*, Chapel Hill, Dept of Romance Languages-The University of North Carolina, 2005.

DELCROIX, Maurice, *Le Sacré dans les tragédies profanes de Racine*, Nizet, 1970.

DESCOTES, Maurice, *Les Grands Rôles du théâtre de Jean Racine*, PUF, 1957.

DUBU, Jean, *Racine aux miroirs*, SEDES, 1992.

ÉMELINA, Jean, *Racine infiniment*, SEDES, 1999.

FORESTIER, Georges, *Jean Racine*, Gallimard, « NRF biographies », 2006.

FRANCE, Peter, *Racine's Rhetoric*, Oxford, Clarendon Press, 1965.

FREEMAN, Bryant C., et BATSON, Alan, *Concordance du théâtre et des poésies de Jean Racine*, Ithaca, Cornell University Press, 1968, 2 vol.

GARRETTE, Robert, *La Phrase de Racine. Étude stylistique et stylométrique*, Toulouse, Presses universitaires du Mirail, 1995.

GOLDMANN, Lucien, *Le Dieu caché. Étude sur la vision tragique dans les « Pensées » de Pascal et dans le théâtre de Racine*, Gallimard, 1956.

GUÉNOUN, Solange, *Archaïque Racine*, New York, Peter Lang, 1993.

GUTWIRTH, Marcel, *Jean Racine : un itinéraire poétique*, Université de Montréal, 1970.

HAWCROFT, Michael, *Word as Action. Racine, Rhetoric and Theatrical Language*, Oxford, Clarendon Press, 1992.

HEYNDELS, Ingrid, *Le Conflit racinien, esquisse d'un système tragique*, Bruxelles, éd. de l'Université de Bruxelles, 1985.

HUBERT, Judd D., *Essai d'exégèse racinienne. Les secrets témoins*, Nizet, 1956.

KNIGHT, Roy C., *Racine et la Grèce*, Boivin, 1950 ; rééd. Nizet, 1974.

MASKELL, David, *Racine : a Theatrical Reading*, Oxford, Clarendon, 1991.

MAURON, Charles, *L'Inconscient dans l'œuvre et la vie de Jean Racine*, Ophrys, 1957.

MAY, Georges, *Tragédie cornélienne, tragédie racinienne. Étude sur les sources de l'intérêt dramatique*, Urbana, University of Illinois Press, 1948.

MOREL, Jacques, *Racine*, Bordas, 1992.

MOURGUES, Odette de, *Autonomie de Racine*, Corti, 1967.

NIDERST, Alain, *Les Tragédies de Racine. Diversité et unité*, Nizet, 1975.

PARISH, Richard, *Racine : the Limits of Tragedy*, PFSCL/Biblio 17, 74, Paris-Seattle-Tübingen, 1993.

PHILLIPS, Henry, *Racine : Language and Theater*, University of Durham, 1994.

PICARD, Raymond, *Corpus racinianum*, Les Belles Lettres, 1956 ; édition augmentée : *Nouveau Corpus racinianum*, éd. du CNRS, 1976 (abrévié dans les notes sous la forme *NCR*).

PICARD, Raymond, *La Carrière de Jean Racine*, Gallimard, 1956 ; édition augmentée, 1961.

POMMIER, Jean, *Aspects de Racine*, Nizet, 1954.

RATERMANIS, Janis B., *Essai sur les formes verbales dans les tragédies de Racine. Étude stylistique*, Nizet, 1972.

REVAZ, Gilles, *La Représentation de la monarchie absolue dans le théâtre racinien. Analyses socio-discursives*, Kimé, 1998.

ROHOU, Jean, *L'Évolution du tragique racinien*, SEDES, 1991.

ROHOU, Jean, *Jean Racine entre sa carrière, son œuvre et son Dieu*, Fayard, 1992.

Rohou, Jean, *Jean Racine. Bilan critique*, Nathan, 1994.

Roubine, Jean-Jacques, *Lectures de Racine*, Armand Colin, 1971

Scherer, Jacques, *Racine et/ou la cérémonie*, PUF, 1982.

Sellier, Philippe, « Le jansénisme des tragédies de Racine. Réalité ou illusion ? », *Cahiers de l'Association internationale des études françaises*, n° XXXI, mai 1979, p. 135-148.

Spencer, Catherine, *La Tragédie du prince. Étude du personnage médiateur dans le théâtre tragique de Racine*, Paris-Seattle-Tübingen, PFSCL/Biblio 17, 1987.

Spitzer, Leo, « L'effet de sourdine dans le style classique : Racine » (1931), dans *Études de style*, Gallimard, 1970, p. 208-335.

Tobin, Ronald W., *Racine and Seneca*, Chapell Hill, University of North Carolina Press, 1971.

Tobin, Ronald W., *Jean Racine Revisited*, New York, Twaynes Publishers, 1999.

Vernier-Danehy, Cécile, *Racine à rebours, une lecture de la rime*, New York-Washington-Berne, Peter Lang, 2003.

Viala, Alain, *Racine. La stratégie du caméléon*, Seghers, 1990.

Vinaver, Eugène, *Racine et la poésie tragique*, Nizet, 1951.

Weinberg, Bernard, *The Art of Jean Racine*, University of Chicago Press, 1963.

Zimmermann, Éléonore, *La Liberté et le Destin dans le théâtre de Racine*, Saratoga (Californie), Anma Libri, 1982 (rééd. Genève, Slatkine, 1999).

III. SUR LA TRAGÉDIE, LE THÉÂTRE ET LA LITTÉRATURE DU XVIIe SIÈCLE

Adam, Antoine, *Histoire de la littérature française au xviie siècle*, Domat, 1948-1956, 5 vol. (rééd. Del Duca, 1962 ; réimpr. Albin Michel, 1996).

Barbafieri, Carine, *Atrée et Céladon. La galanterie dans le théâtre tragique de la France classique (1634-1702)*, Presses universitaires de Rennes, 2006.

Bénichou, Paul, *Morales du Grand Siècle*, Gallimard, 1948.

Biet, Christian, *Œdipe en monarchie : tragédie et théorie juridique à l'âge classique*, Klincksieck, 1994.

DELMAS, Christian, *Mythologie et mythe dans le théâtre français (1650-1676)*, Genève, Droz, 1985.

DELMAS, Christian, *La Tragédie de l'âge classique (1553-1770)*, Le Seuil, 1994.

FORESTIER, Georges, *La Tragédie française. Passions tragiques et règles classiques*, Armand Colin, 2010 (1ʳᵉ éd. PUF, 2003).

HILGAR, Marie-France, *La Mode des stances dans le théâtre tragique du xviiᵉ siècle*, Nizet, 1974.

KIBEDI VARGA, Aron, *Les Poétiques du classicisme*, Aux Amateurs de Livres / Klincksieck, 1990.

LANCASTER, Henry Carrington, *A History of French Dramatic Literature in the Seventeenth Century*, Baltimore, the Johns Hopkins Press, 1929-1942 (5 part. en 9 vol.).

LOUVAT, Bénédicte, *Poétique de la tragédie*, SEDES, 1998.

LYONS, John D., *Kingdom of Disorder. The Theory of Tragedy in Classical France*, West Lafayette (Indiana), Purdue University Press, 1999.

MAZOUER, Charles, *Le Théâtre français de l'âge classique*, Champion, 2006 (vol. I.), 2010 (vol. II).

MÉLÈSE, Pierre, *Le Théâtre et le public à Paris sous Louis XIV : 1659-1715*, Droz, 1934.

MÉLÈSE, Pierre, *Répertoire analytique des documents contemporains d'information et de critique concernant le théâtre à Paris sous Louis XIV : 1659-1715*, Paris, Droz, 1934.

MOREL, Jacques, *La Tragédie*, Armand Colin, 1964.

MOREL, Jacques, *Agréables mensonges. Essais sur le théâtre français du xviiᵉ siècle*, Klincksieck, 1991.

PASQUIER, Pierre, *La Mimèsis dans l'esthétique théâtrale du xviiᵉ siècle*, Klincksieck, 1995.

SCHERER, Jacques, *La Dramaturgie classique en France*, Nizet, s.d. [1950].

SURGERS, Anne, *Scénographie du théâtre occidental*, Nathan, 2000.

TRUCHET, Jacques, *La Tragédie classique*, PUF, 1975.

VIALA, Alain, *Naissance de l'écrivain*, Minuit, 1985.

VIALLETON, Jean-Yves, *Poésie dramatique et prose du monde : le comportement des personnages dans la tragédie en France au xviiᵉ siècle*, Champion, 2004.

VUILLERMOZ, Marc (dir.), *Dictionnaire analytique des œuvres théâtrales françaises du xviiᵉ siècle*, Champion, 1998.

ZUBER, Roger, et CUÉNIN, Micheline, *Le Classicisme (1660-1680)*, Artaud, 1984 (rééd. Flammarion, 1998).

IV. SUR *LA THÉBAÏDE*

Ouvrages

EDWARDS, Michael, *La Thébaïde de Racine*, Nizet, 1965.
MYERS, Robert L., *Racine, La Thébaïde, Political, Moral and Aesthetic Dimensions*, Houston, Rice University, 1981.

Articles

BLANC, André, « Un effort de résurrection : *La Thébaïde* et *Alexandre* », *Revue d'histoire du théâtre*, n° LI, 1999, p. 299-306.
BRODY, Jules, « Racine's *Thebaïd*, an analysis », *French Studies*, n° XIII-3, juillet 1959, p. 199-213.
CAVE, Terence, « Between Corneille and Racine : *La Thébaïde* », dans T. Cave, *Recognitions*, Oxford, Clarendon Press, 1988.
DELMAS, Christian : « Le mythe des frères ennemis dans *La Thébaïde* », *Cahiers de littérature du XVII° siècle*, Toulouse, n° II, 1980 (repris dans *Mythe et mythologie*, ouvr. cit.).
DUBU, Jean, « De Corneille à Racine : *La Thébaïde* de 1664 à 1697 », *Papers on French Seventeenth Century Literature*, n° XXVII, 2000, p. 17-40.
GAMON, Robert, « *La Thébaïde*, une mythologie irrespectueuse ? », dans *Présence de Racine*, colloque de Lyon III, éd. J.-P. Landry et O. Leplâtre, CEDIC, 2000, p. 39-99.
GUELLOUZ, Suzanne, « Le chef-d'œuvre le plus tragique de l'Antiquité : l'*Œdipe* de Corneille et *La Thébaïde* de Racine », *Papers on French Seventeenth Century Literature*, n° XXVII, 2000, p. 29-43.
MIERNOWSKI, Jean, « Le plaisir de la tragédie et la haine de soi. Le cas de *La Thébaïde* de Racine », *Poétique*, n° XXXIV, 2003, p. 207-221.
MOULD, William A., « Jocaste, mother of evil », *Esprit critique*, n° 8, 1968, p. 129-137.

NASSICHUCK, John, « Hantise d'Œdipe dans *La Thébaïde*, quelques réflexions sur la modernité de Racine », *Papers on French Seventeenth Century Literature*, n° XXII, 1995, p. 539-554.

RACEVKIS, Roland, « *La Thébaïde* de Racine : des seuils du pouvoir aux limites de la violence », *Australian Journal on French Studies*, n° XLII, 2005, p. 229-247.

REISS, Timothy J., « *La Thébaïde*, ou la souveraineté à la question », dans *L'Âge du théâtre en France*, éd. D. Trott et N. Boursier, Edmonton, Academic Printing and Publishing, 1988, p. 198-205.

SWEETSER, Marie-Odile, « Pour une dramaturgie de *La Thébaïde* », dans *L'Âge du théâtre en France*, éd. D. Trott et N. Boursier, Edmonton, Academic Printing and Publishing, 1988, p. 12-34.

VENESOEN, Constant, « Le thème de la fraternité dans l'œuvre de Racine, un cas de dédoublement », dans *L'Âge du théâtre en France*, éd. D. Trott et N. Boursier, Edmonton, Academic Printing and Publishing, 1988, p. 133-144.

ZIMMERMANN, Éléonore, « La tragédie de Jocaste : le problème du destin dans *La Thébaïde* », *French Review*, 1972, p. 569-570.

NOTES

Page 31.

1. Cette épître dédicatoire ne figure que dans l'édition originale. Elle disparaît à partir de la première édition collective de 1675, comme toutes les autres dédicaces. François de Beauvilliers (1610-1687), comte puis duc de Saint-Aignan et pair de France (1663), était l'un des seigneurs les plus proches de Louis XIV. Doté de l'une des quatre charges de Premier Gentilhomme de la Chambre du Roi, il était l'un des ordonnateurs des divertissements royaux, et à ce titre avait conçu le « dessein » de la grande fête des « Plaisirs de l'Île enchantée », qui s'était déroulée pendant plusieurs jours à Versailles au mois de mai 1664 (voir la Notice, p. 142). Ambassadeur du roi auprès des artistes et des gens de lettres, et se piquant lui-même de poésie, il était membre de l'Académie française depuis 1663. Destinataire d'un très grand nombre de dédicaces, il était normal qu'il reçût celle de la première tragédie de Racine : un an plus tôt, alors que Racine était en train de finir le quatrième acte de sa pièce, on lui avait fait lire son ode de *La Renommée aux Muses* ; il l'avait « trouvée fort belle » et avait souhaité s'en faire présenter l'auteur (voir sa lettre à l'abbé Le Vasseur, au t. II de l'édition des *Œuvres complètes*, « Bibliothèque de la Pléiade », p. 457).

2. Cette référence à d'éventuels *ennemis* de *La Thébaïde* n'est qu'une tournure encomiastique destinée à introduire l'allusion (de règle dans le genre de la dédicace) au courage militaire du duc, dont la carrière militaire avait été effecti-

vement brillante (tant contre les Espagnols que durant la Fronde) : maréchal de camp, puis lieutenant général, il avait participé à quatorze campagnes et reçu vingt blessures.

Page 33.

1. Orthographié Polinice dans toutes les éditions publiées du vivant de Racine.

2. Rappelons que dans les légendes auxquelles se rattache *Œdipe roi* de Sophocle, Jocaste se tue sitôt découverts le parricide et l'inceste, donc bien avant la guerre entre Étéocle et Polynice.

3. Les deux premières éditions donnent : « d'Iocaste », variante due à l'emploi de la graphie « Iocaste » (voir la note du v. 1649). Ce n'est que progressivement, au cours de la deuxième moitié du xviie siècle, que I voyelle et J consonne (comme respectivement U et V) seront distingués.

4. Ce « soldat grec » devient dans la dernière édition (1697) « un soldat de l'Armée de Polynice ». Dès 1675 dans le texte de sa tragédie, Racine avait commencé à supprimer le terme de « Grec » (substantif ou adjectif) pour désigner l'armée assiégeante par opposition aux Thébains (il en oubliera quelques-uns cependant aux v. 725, 891, 1493). Les Thébains sont aussi des Grecs, et cela prête en effet à confusion. Il était plus juste de désigner les assiégeants sous le nom d'Argiens (comme le faisait Euripide), mais les poètes latins, Stace (qui varie les appellations : Argiens, Pélasges, Grecs) et surtout Sénèque, ont cherché à opposer l'ensemble de la Grèce (donnant une sorte de réalité régionale aux sept héros qui assiègent Thèbes) aux Thébains.

5. Variante : UN SOLDAT Grec. / Gardes. (1675-1687).

UN SOLDAT de l'Armée de Polinice. / Gardes. (1697).

6. Dans sa partie rédigée en 1678, le mémoire des décorateurs de l'Hôtel de Bourgogne confirme l'imprécision du décor requis pour cette pièce : « Est un palais à volonté » (*Le Mémoire de Mahelot*, éd. P. Pasquier, Champion, 2005, p. 328).

Page 35.

1. Variante : ACTE PREMIER (1697).

2. L'expression sera reprise dans *Andromaque*, v. 449.

3. L'idée selon laquelle les Thébains conduits par Étéocle

ont fait une sortie contre Polynice et les Argiens durant le sommeil de Jocaste est directement reprise des six premiers vers d'*Antigone* de Rotrou (« Qu'ils ont bien à propos usé de mon sommeil ! / Ils n'ont pas appelé ma voix à leur conseil ; / Et lorsqu'ils ont voulu tenter cette sortie, / On a bien su garder que j'en fusse avertie. / C'est bien, ô nuit, c'est bien de tes plus noirs pavots / Que tu m'as distillé ce funeste repos »). Les *six mois* de chagrin dont parle Jocaste correspondent à la période durant laquelle, après six mois d'exil, Polynice devenu le gendre d'Adraste, roi d'Argos, s'est préparé à venir mettre le siège devant Thèbes.

 4. Variante : Puisse plutôt la mort les fermer pour jamais,
     Et m'empêcher de voir le plus noir des forfaits.
    (1697).

 5. *Variante* : bataille (1697).

Page 36.

 1. Variante : [l'indication disparaît à partir de 1675].

 2. Variante : Que l'on coure avertir et hâter la Princesse, (1697).

 3. Variante : Il faut courir, Olympe, (1697).

 4. Voir Sénèque (*Phéniciennes*, v. 407-409) : « J'irai, j'irai et je placerai ma tête face à leurs armes, je me tiendrai entre leurs armes ; celui qui voudra atteindre son frère devra d'abord atteindre sa mère. » Et Garnier (*Antigone*, II, v. 562-565) : « J'irai, j'irai soudaine, et serai toute prête / D'affronter leurs couteaux et leur tendre la tête, / Leur tendre la poitrine, afin que celui d'eux / Qui meurtrira son frère, en puisse meurtrir deux. » On voit que la répétition de « Il faut » (supprimée seulement en 1697) n'est pas une cheville, mais une insistance rhétorique issue des modèles et appelée par la déclamation.

 5. Variante : Nous voici donc, hélas ! (1697).

 6. Observons qu'en 1697, ayant fait remonter « Olympe » du v. 19 au v. 17, et devant l'y remplacer par un mot de deux syllabes commençant par une voyelle, Racine n'avait guère d'autre choix que ce « hélas ! » (pourtant déjà présent, et maintenu, au v. 27) : ainsi le vers souvent cité comme emblématique de l'esthétique racinienne (« Nous voici donc, hélas ! à ce jour détestable ») est le résultat heureux, et tardif, d'un jeu de dominos.

 7. Variante : Ô toi, Soleil, ô toi, qui rends (1697).

8. Pour cette apostrophe au Soleil lancée par Jocaste, voir Euripide, *Les Phéniciennes*, v. 1-6 et Garnier, *Antigone*, v. 468-479 (premiers vers de l'acte II et entrée en scène de Jocaste). Aussi bien chez Racine que chez ses devanciers, cette apostrophe revêt une pleine valeur d'*exposition*, les poètes ayant senti l'impossibilité de faire raconter à un autre personnage des événements si monstrueux et si fameux qu'il eût été inconcevable qu'il les ignorât. C'est pourquoi c'est ici le Soleil et non Olympe, à laquelle elle vient pourtant de s'adresser, qui est le destinataire de ce rappel (un Soleil que le poète a tenté d'intégrer autant que possible en lui faisant prêter par Jocaste des sentiments tout humains). Mais Racine, qui suppose que ses spectateurs connaissent les grandes lignes de toute cette histoire, n'enchaîne pas sur le long récit des malheurs de la famille de Jocaste que l'on peut lire chez Euripide. Il a préféré insister sur le caractère *fatal* de la pente criminelle des deux frères, se souvenant de la Jocaste de Sénèque — quoiqu'il s'en défende dans sa préface — qui constatait qu'elle avait engendré des criminels (v. 367-369).

On remarquera enfin que la variante de 1697 rapproche ce vers du vers 1689 d'*Iphigénie* (« Et toi, Soleil, et toi, qui dans cette contrée [...] »).

9. « Monstres » ne désigne pas des personnes, mais a ici son sens originel de *prodiges*, ou d'*événements monstrueux* ; ce qui permet de comprendre sans peine le vers suivant : à lui seul, le sang (maudit) de Laïus a rendu ordinaires — a banalisé — ces événements monstrueux.

10. Variante : La race (1697).

11. Au sens de *fratricides* : *parricide* désigne tout meurtre d'un proche parent (y compris d'un frère).

12. Variante : Ce sang en leur donnant... avant qu'à la raison : 4 vers supprimés (1675-1697).

Page 37.

1. *Variante :* misères ? (1675-1697).

2. Variante : et courons de ce pas (1697).

3. *Variante :* bras. (1675-1697).

Page 38.

1. Variante : de quel sang revenez-vous taché ? (1675-1687).

Variante : ÉTÉOCLE. Madame qu'avez-vous ! et quel trouble…
JOCASTE. Ah ! mon Fils,
Quelles traces de sang vois-je sur vos
habits ? (1697).

2. Variante : Est-ce du sang d'un Frère, (1675-1697).

3. Variante : Non, Madame, ce n'est ni de l'un ni de l'autre. (1675-1697).

4. Variante : Dans son camp jusqu'ici Polynice arrêté,
Pour combattre à mes yeux ne s'est point
présenté. (1697).

5. Pour l'emploi du terme « Grecs » ici, voir la n. 4 de la p. 33.

6. « D'abord » : dès l'abord, aussitôt.

7. Variante : Du camp des Argiens une troupe hardie
M'a voulu de nos murs disputer la sortie. //
(1675-1687).
D'Argiens seulement une troupe hardie
M'a voulu de nos murs disputer la sortie.
(1697).

8. Doublet poétique de la préposition *avec* qui compte pour trois syllabes ; Racine cesse de l'employer à partir d'*Andromaque* (1667).

9. Variante : armée ? (1675-1687).

10. Variante : Mais que prétendiez-vous ? et quelle ardeur soudaine
Vous a fait tout à coup descendre dans la
plaine ? (1697).

11. Variante : bataille. (1675-1687).

12. Toujours orthographié *gaigner* dans l'édition originale, où ce verbe est systématiquement associé à la rime avec « régner » (voir encore les v. 93-94, 549-550, 1041-1042, 1145-1146, 1579-1580). Malgré cette association, il est peu probable que le mot fût prononcé effectivement *gaigner* : dès l'édition 1652 du *Cid*, Corneille avait transformé (ou laissé transformer) tous les *gaigner* en *gagner* y compris à la rime en association avec *régner* (v. 1598-1599 ; dans Corneille, *Œuvres complètes*, éd. G. Couton, « Bibliothèque de la Pléiade », I, p. 768).

13. Variante : Que je laissais périr ceux qui me font régner. // (1687).

Je n'ai que trop langui… ceux qui me font
régner : 8 vers supprimés (1697).

14. Cette idée paraît s'accorder assez mal avec l'affirmation ultérieure des v. 103-109 (Étéocle devenu roi par succession dynastique et grâce au tirage au sort qui lui a accordé la première année de règne). Mais elle s'explique par la suite du texte (v. 126-130) : au moment où Polynice devait accéder à son tour au trône, le peuple aurait soutenu Étéocle pour l'en empêcher. C'est dans *Œdipe à Colone* de Sophocle que Polynice se plaint d'avoir été chassé par Étéocle qui avait préalablement « séduit la cité » (v. 1295-1298).

15. Ce vers s'explique par le v. 70. La suppression des v. 63-70 dans l'édition de 1697 en modifie le sens qui se rapproche dès lors du sens du v. 82 : de l'idée de Thèbes otage d'Étéocle (explicitée par les v. 77-78 conservés dans l'édition de 1697), on passe à l'idée de Thèbes assiégée par Polynice et les Grecs.

Page 39.

1. Variante : ... combats, (1687) ; ... combats : (1697).

2. Variante : L'insolent Polynice et ses fiers Alliés
                  Laisseront Thèbes libre, ou mourront à mes
                  pieds. (1675-1697).

3. Variante : Victoire. (1675-1687).

4. Variante : Vous préserve le Ciel... que cette affreuse Paix. : 4 vers supprimés (1697).

5. Le raisonnement que prête Racine à Jocaste aux v. 83-90 (plutôt une guerre sans fin qu'une paix obtenue aux dépens de la vie d'un de mes fils) peut paraître un peu trop sophistique, et sans doute est-ce la raison pour laquelle il a fini par supprimer, non sans hésitation ni regret (il s'y est pris à deux fois), ces huit vers. C'est un raisonnement de même type que celui que la Jocaste de Sénèque avait développé devant Étéocle (dans une guerre aussi criminelle, mieux vaut être vaincu qu'être celui qui commet le crime : Sénèque, *Les Phéniciennes*, v. 491-494), mais la formulation rappelle un vers de l'*Horace* de Corneille : « Dure à jamais le mal s'il y faut ce remède ! » (v. 228).

6. Variante : Dure-t-elle à jamais... arrête le cours : 4 vers supprimés (1675-1687).

7. Variante : souillerez-vous (1687).

8. Variante : Vous pourriez d'un tel sang, ô Ciel ! souiller vos armes ? (1697).

9. Variante : crime. (1675-1687).

10. « Généreux » : *noble* et *magnanime.*

11. Variante : De nous donner la Paix, sans le secours d'un
             crime ;
             Et de votre courroux triomphant aujourd'hui
             Contenter votre frère, et régner avec lui.
             ÉTÉOCLE : Appelez-vous régner partager ma
             Couronne,
             Et céder lâchement ce que mon droit me
             donne ? (1697).

12. Variante : Vous le savez, mon Fils, la justice et le sang
(1675-1697).

Page 40.

1. Rappelons que dans toutes les traditions antiques Œdipe
ne meurt qu'après avoir remis le pouvoir à ses fils — ou en
avoir été dépossédé par eux (voir la Préface, p. 17). *Les
Phéniciennes* d'Euripide font même paraître le vieux roi sur le
champ de bataille après la mort de ses fils. Racine a préféré
faire de Thèbes une monarchie à la française où le pouvoir ne
peut se transmettre que par la mort du roi, ce qui lui a permis
de développer le thème juridique de la filiation monarchique.

2. Variante : Voulut que tour à tour vous fussiez tous deux
             Rois.
             À ces conditions vous daignâtes souscrire.
             (1697).

3. Voir Machiavel : « Chacun entend qu'il est fort louable à
un Prince de maintenir sa foi et vivre en intégrité, non pas
avec ruses et tromperies. Néanmoins on voit par expérience
de notre temps que ces Princes se sont faits grands qui n'ont
pas tenu grand compte de leur foi… » (*Le Prince*, chap. XVIII,
Comment les Princes doivent garder leur foi, dans Machiavel,
Œuvres complètes, « Bibliothèque de la Pléiade », p. 341). La
dimension machiavélienne de cette phrase, qui confère une
tonalité extrêmement sophistique au thème « absolu » de la
supériorité de la loi du roi vivant sur celle du roi défunt ainsi
qu'à celui de l'abnégation du roi dans les phrases suivantes,
explique que Racine ait supprimé tout ce passage en 1675.
Cependant cette suppression ôte de la légitimité à la position

d'Étéocle dont le discours ne fait plus désormais référence qu'au choix du peuple.

4. Variante : Il est vrai, je promis… sa parole à des rois : 16 vers supprimés (1675-1697).

5. Variante : Non, Madame, à l'Empire il ne doit plus prétendre : (1675-1697).

6. Variante : Thèbes à cet arrêt n'a point voulu se rendre, (1697).

Page 41.

1. Le roi d'Argos, Adraste, est effectivement à la tête de la coalition des « sept chefs » qui assiègent Thèbes. Mais les anciens ne lui ont jamais prêté cette fureur destructrice contre Thèbes. Selon Euripide (*Les Phéniciennes*, v. 409-434), il donna sa fille Argie à Polynice (et sa seconde fille à Tydée, père du héros de l'*Iliade*, Diomède) sur la foi d'un oracle ; il fit ensuite le serment de ramener ses deux gendres exilés dans leur patrie respective. De son côté, Stace insiste sur son caractère pacifique. L'idée que le mariage de Polynice ne fut qu'un prétexte offert à « nos plus enragés et mortels ennemis » de venir faire la guerre contre Thèbes est pour la première fois exprimée par la Jocaste de Rotrou (*Antigone*, II, 4 : « Savez-vous sous quel joug cet hymen vous a mis ? / De nos plus enragés et mortels ennemis, / Qui ne vous ont ouvert ni leurs bras ni leur terre / Que pour avoir prétexte à nous faire la guerre. »). En déplaçant l'idée de Jocaste à Étéocle, Racine a transformé un reproche passionné en argument rationnel.

2. Ce vers sera adapté aussi bien dans *Andromaque* (I, 4 ; v. 363) que dans *Bérénice* (III, 3 ; v. 888). Quant au commode hémistiche *Hé bien, Madame, hé bien* (ou *Hé bien, Seigneur, hé bien*), on le retrouvera plusieurs fois chez Racine : outre encore une fois cette même pièce (v. 907), voir *Alexandre* (v. 1033), *Andromaque* (v. 363 et 409), et *Bérénice* (v. 1137). *Hé bien* seul est employé plus de dix fois dans la plupart des pièces (*Plaideurs* compris), sauf dans les quatre dernières (il est complètement absent d'*Esther*).

3. Racine prête à Étéocle une sensibilité aux arguments de Jocaste que les anciens avaient attribuée au seul Polynice, et que, pour sa part, il retirera à Polynice lors de sa propre entrevue avec sa mère à l'acte II (v. 635-638). Ainsi, dans *La Thébaïde* de Stace, on lit après la harangue adressée par Jocaste

à son fils Polynice, puis à l'ensemble de l'armée grecque : « Polynice, plus ému que tous les autres, passe tour à tour des bras de sa mère dans les bras de la jeune Ismène, et d'Antigone qui le supplie en pleurant. Au milieu des émotions orageuses qui troublent son âme, il oublie le trône, il veut partir... » (livre VII, v. 534-537). Sur cette inversion des sentiments respectifs des deux frères, voir la Préface, p. 19.

Page 42.

1. Variante : l'Empire. (1675-1697).

2. « Amitié » a fréquemment le sens de *amour* au xviiᵉ siècle (aussi bien dans les relations filiales qu'amoureuses).

3. Variante : Et si le Diadème a (1675-1697).

4. Variante : paix. (1675-1697).

5. Variante : Accordez cette grâce aux larmes d'une Mère. (1697).

6. « Émouvoir » a ici le sens fort d'*effrayer* : Jocaste ne redoute pas de devoir traverser seule les lignes de l'armée ennemie ; dans la variante de 1697, le mot retrouvera son sens le plus courant.

7. Variante : Par mes justes soupirs j'espère l'émouvoir. (1697).

8. Chez Stace (*La Thébaïde*, VII), à qui Racine a pris l'idée d'une première rencontre entre Jocaste et Polynice, Jocaste se rend effectivement dans le camp argien, suivie seulement de ses deux filles. Le principe classique de l'unité de lieu a empêché Racine de transporter l'action hors du palais, ce qui l'a obligé à y faire venir Polynice une première fois (acte II), avant la grande entrevue de l'acte IV qui déjà chez Euripide se déroulait à l'intérieur des murs de Thèbes.

9. Variante : ... vous le pouvez revoir. (1675-1687). ... revoir ; (1697).

10. Variante : J'irai plus loin encore (1697).

Page 43.

1. Variante : Si le peuple y consent, (1697).

2. Variante : place. (1675-1697).

3. Variante : Mais qu'il se rende enfin (1687-1697).

4. Variante : [suppression de : *au Roi*] (1675-1697).

5. Variante : de courage (1675-1697).

Page 44.

1. Au sens de direction morale (comment et au nom de quoi avez-vous conduit un vainqueur à… ; quelle conduite lui avez-vous tracé pour que…).

2. « Conseil » : sens étymologique de *décision, résolution* (il ne s'agit pas du conseil qu'a donné Jocaste à Étéocle, mais de la *décision* que celui-ci a prise et annoncée à la scène précédente : la reprise du mot au vers suivant ôte toute ambiguïté).

3. Cette certitude de la supériorité des Thébains sur leurs assiégeants n'est dans aucune des sources de Racine (voir Euripide, *Les Phéniciennes*, v. 715 : [Créon à Étéocle] « Petites sont les forces de ce pays, mais eux sont en grand nombre »). Il s'agit donc ici de souligner la magnanimité d'Étéocle qui accepte de parler de paix alors qu'il est en position de force.

Page 45.

1. L'argumentation prêtée à Créon s'inspire des théories de la souveraineté développées au xviᵉ siècle par Jean Bodin (*Les Six Livres de la République*, 1576) et qui forment le socle de la théorie de la monarchie absolue : l'idée de base est que le pouvoir royal ne se partage pas.

Page 46.

1. Variante : Par un ordre souvent l'un à l'autre contraire,
Un frère détruirait ce qu'aurait fait un frère.
Vous les verriez toujours former quelque attentat, (1697).

2. Variante : durent (1675-1697).

3. Variante : Et d'horribles dégâts signalent (1675-1697).

4. Dans ce développement du principe du non-partage de la souveraineté royale, on retrouve la diatribe lancée par le Cinna de Corneille contre le pouvoir annuel des consuls romains : « Ces petits Souverains qu'il fait pour une année, / Voyant d'un temps si court leur puissance bornée, / Des plus heureux desseins font avorter le fruit, / De peur de le laisser à celui qui les suit » (Corneille, *Cinna*, II, 1, v. 513-520, dans *Œuvres complètes*, « Bibliothèque de la Pléiade », I, p. 927).

5. Variante : Qu'elle assure à mes Fils le Trône où vous tendez,

Et va rompre le piège où vous les attendez.
(1675-1697).

6. Variante : Comme après leur trépas le droit de la naissance (1675-1697).

7. C'est-à-dire qui aspire à obtenir leur rang, leur état (donc à parvenir à la royauté).

8. Le thème de l'ambition secrète de Créon provient de *La Thébaïde* de Stace : Créon, désespéré de la mort de son fils Ménécée, avait accusé la lâcheté d'Étéocle, provoquant de sa part cette réplique : « Tu ne m'abuses point, dit-il, et ce n'est pas la mort glorieuse de ton fils qui t'émeut : un père devrait la célébrer et en tirer fierté. Mais un espoir se cache sous ces larmes, un espoir et une ambition secrète : tu couvres de sa mort un désir insensé, et tu me pousses fallacieusement au combat parce que tu es le plus proche du trône s'il devient vacant » (XI, v. 298-302). Rotrou a repris l'accusation d'Étéocle en la détachant du contexte de la mort de Ménécée et en la plaçant à la fin du deuxième acte, à l'issue de l'entretien décisif entre Jocaste et ses fils (« Votre intérêt, Créon, vous meut plus que ma gloire ; / Vous pressez le combat et craignez la victoire. / Vous savez qu'après nous le sceptre des Thébains, / Par ordre et droit de sang, doit passer en vos mains. / Mais les garde le ciel de votre tyrannie ! » : *Antigone*, II, 4).

Page 47.

1. Variante : Je suis mère, Créon, et si j'aime son frère,
La personne du Roi ne m'en est pas moins
chère. (1697).

2. Aucune des sources de Racine ne mettait Hémon dans le camp de Polynice.

3. Condamnation des anciens frondeurs, comme l'ont cru certains ? Quand Racine écrit *La Thébaïde*, voilà pourtant plusieurs années que le rebelle Condé (prince du sang comme Hémon) est rentré en grâce et a repris son rang à la cour. Plus probablement le poète s'est-il servi de textes monarchistes qui avaient servi à condamner la rébellion au moment de la Fronde pour affirmer la position légaliste de Créon.

Page 48.

1. Souvenir probable d'un vers célèbre du *Cid* : « Plus l'of-

fenseur m'est cher, et plus grande est l'offense » (I, 5 ; v. 287 [éd. 1637] ; v. 285 [éd. 1682]).

2. Variante : flamme. (1675-1697).

Page 49.

1. Variante : Aussi bien mes respects (1697).

2. La variante éclaire le sens du vers : les devoirs que je vous rends redoublent vos mépris.

3. Variante : Le Roi m'appelle ailleurs, il faut que j'obéisse, (1675-1697).

4. « Superbe » : *orgueilleux.*

5. Variante : honte. (1675-1697).

6. Variante : cet ambitieux (1675-1697).

7. Variante : Appelons promptement (1675-1697).

Page 51.

1. Variante : Quoi, vous me refusez (1697).

2. « Plaindre » a ici le sens de *refuser,* ou d'*offrir avec parcimonie* : ce sens, attesté depuis le xiiie siècle et encore en vigueur aujourd'hui, semble avoir déjà au xviie siècle une connotation plus familière, ce qui explique la variante de 1697. Il est vrai aussi que l'emploi d'un sens second de *plaindre* dans une tragédie fondée sur la plainte a pu paraître déplacé à Racine. « Aimable » a le sens de *digne d'être aimé.*

3. Variante : d'absence ? (1675-1697).

4. Variante : Oracles. (1675-1697).

5. Depuis Pétrarque, qualifier de « dieux » les yeux de la femme aimée est une métaphore convenue de la poésie amoureuse. Elle ouvre ici la déclaration « galante » d'Hémon, qui culminera avec l'emploi du mot « Objet » (voir la note du v. 363). Déjà l'Hémon de Rotrou qualifiait les yeux d'Antigone d'« astres qui pourraient en imposer aux dieux » (*Antigone,* I, 4). Mais passé ce rapide sacrifice à la tradition pétrarquiste, le dialogue entre les amants ne concernait guère que la situation militaire. Il est vrai que chez Rotrou, fidèle à ses modèles antiques, les deux amants n'ont pas été séparés durant un an comme ici.

Page 52.

1. Voir la note du v. 170.

2. « Objet » est le terme galant par excellence, emprunté au vocabulaire de la poésie amoureuse, pour désigner la femme aimée. Le fait que l'âme soit « blessée » par la vue de cet « Objet » — car le regard de la femme aimée lance des « traits » — relève du même registre.

3. Variante : mon absence (1675-1697).

4. Variante : Oui je l'avais bien cru, qu'une âme si fidèle, (1675-1697).

5. Variante : cruelle. (1675-1697).

6. « Ennui » au sens de *tourment, souffrance.*

Page 53.

1. Variante : Lorsqu'on se sent pressé… je vous craignais tous : 8 vers supprimés (1675-1697).

2. Ce thème du « service » voué par Hémon à Antigone par l'intermédiaire de Polynice figurait déjà dans l'*Antigone* de Rotrou : Hémon raconte que Polynice s'était jeté comme un lion jusqu'au milieu des lignes thébaines et qu'il a évité de lui porter des coups, par amour pour Antigone (« Et vous l'avez sauvé, seule, absente et sans armes », I, 4). C'est de là probablement que Racine a tiré l'idée radicale consistant à placer Hémon dans le camp même de Polynice.

3. Dès l'Antiquité, Polynice était celui qui avait la faveur de ses sœurs. Mais cette marque d'élection ne fait l'objet chez Euripide que d'une remarque rapide : c'est après la mort des deux frères qu'Antigone évoque le seul nom de Polynice (*Les Phéniciennes*, v. 1702) ; dans *La Thébaïde* de Stace, c'est après avoir plaint l'ensemble de leur famille accablée d'infortunes qu'Ismène et Antigone manifestent leur préférence (« Elles s'apitoient sur leurs frères, l'une sur le roi, l'autre sur le banni, et déplorent toutes deux la guerre ; à ce moment une terrible hésitation suspend leurs vœux douloureux. Leur frayeur oscille dans les deux directions, ne sachant pas lequel elles voudraient voir revenir vainqueur, et lequel vaincu du combat : mais dans le secret de leur cœur, c'est l'exilé qui a l'avantage », VIII, v. 613-616). L'insistance sur le lien étroit qui, depuis leur enfance, aurait uni Antigone et Polynice paraît être une invention moderne : Rotrou, outre le dialogue entre Antigone et Hémon, dont Racine s'est ici inspiré (*Antigone*, I, 4), est allé jusqu'à prêter un tête-à-tête au frère et à la sœur (II, 2). Racine

reviendra sur cette préférence fraternelle à la scène II de l'acte V (v. 1405-1406).

Page 54.

1. Variante : Je le chéris toujours... n'est au plus que tiédeur : 8 vers supprimés (1675-1697).

2. Variante : Ah ! si j'avais encor sur lui le même empire, (1675-1697).

Page 55.

1. À qui s'applique l'expression « le dernier du sang Royal », qui peut signifier aussi bien le dernier-né que le dernier survivant ? La nature de l'oracle était sans ambiguïté chez Euripide : le devin Tirésias en délivrait clairement et longuement la teneur en présence de Créon et de son fils Ménécée et expliquait que celui-ci était la seule victime expiatoire possible (*Les Phéniciennes*, v. 911-952). Dans *La Thébaïde* (X, v. 603-627), Stace faisait véritablement vaticiner Tirésias, et les six vers que celui-ci prononçait dans son délire prophétique ne désignaient plus que « le plus jeune [*nouissimus*] de la race issue du dragon » (v. 610-615) : la périphrase n'en était pas moins immédiatement comprise par Créon et toute l'assistance comme une condamnation de Ménécée (sur le dragon, voir plus loin la note du v. 477). Racine fait ici en sorte que l'énoncé de l'oracle soit interprété par Antigone comme une condamnation à la fois de sa lignée directe (v. 449-452) et de l'ensemble de la famille royale, incluant donc Hémon (v. 456-466). C'est à Corneille (*Œdipe*) que Racine doit cette idée de la fausse application d'un oracle, mais il ne l'exploite que dans cette seule scène ; curieusement, alors qu'il aurait pu fonder sur cette interprétation une partie du monologue déploratif de Jocaste (III, 2), il se contente de lui faire faire une rapide allusion à l'oracle au tout début de la scène suivante (III, 3 ; v. 703-704, supprimés en 1675), allusion qui sert en fait d'introduction au récit du sacrifice de Ménécée (v. 707-749). Notons qu'à ce moment l'expression « le dernier du sang Royal » sera présentée comme s'il n'y avait jamais eu le moindre doute sur son sens (voir les v. 719, 733 et 807).

2. Variante : sentir (1697).

Page 56.

1. Variante : ... sans plainte. /... ma crainte, (1687-1697).
2. Variante : vous. (1675-1697).

Page 57.

1. Cette idée que les crimes d'Œdipe et plus largement le sang de Laïus ont inspiré la vengeance divine annoncée par l'oracle est une invention de Racine, soucieux d'organiser étroitement les sanglants événements de sa tragédie autour des épisodes les plus connus de la légende. Dans ses notes sur *Les Phéniciennes* d'Euripide, il avait justement critiqué le poète grec pour avoir exposé toute la légende : « causes trop recherchées pour faire mourir Ménécée. Ce peu de nécessité rend froide une action très belle » (v. 942-952 ; voir au tome II de l'édition de la Pléiade, p. 878). Selon cette légende, reprise par Stace, Ménécée était la victime expiatoire d'une faute originelle, celle de Cadmos, fondateur de Thèbes et meurtrier du dragon, fils de la Terre, qui gardait la source de Dircé : des dents du dragon, qu'il avait semées (sur les conseils d'Athéna), étaient jaillis des guerriers casqués d'or, les Spartes (les « semés »), lesquels s'étaient aussitôt entre-tués ; cinq d'entre eux avaient survécu, dont Échion, qui épousa une des filles de Cadmos et fut l'aïeul de Créon (et de Jocaste). Si Ménécée est la victime désignée, c'est qu'il est le plus jeune fils de Créon, donc le dernier descendant de cette lignée issue à la fois de Cadmos et du dragon.

2. Variante : Aussi quand jusqu'à vous... que je n'offensais pas : 4 vers supprimés (1697).

3. En 1675, Racine supprime les seize vers qui suivent, c'est-à-dire toute la réplique d'Antigone et les quatre premiers vers de la réplique suivante d'Hémon : il est vrai qu'Antigone ne fait que développer l'idée qu'elle avait déjà exprimée quelques vers plus haut (v. 477-482). Mais cette insistance, au moment de la composition de la pièce, témoignait d'un souci d'articuler le plus étroitement possible le plan humain de l'amour et le plan divin de la vengeance divine.

Page 58.

1. Variante : Autant que votre amour... ne vient que de vous : 16 vers supprimés (1675-1697).

2. En 1675, Racine supprime encore ces quatre vers (515-518), qui (comme dans la suppression précédente) ne font que développer en l'inversant (mourir en vous aimant/mourir en étant aimé de vous) l'idée exprimée dans les vers précédents (511-514) ; en outre, ce court passage à la troisième personne, avec pour sujet «votre amant fidèle», confère à l'ensemble une tonalité qu'il a dû juger après coup excessivement galante.

3. Variante : Plût aux Dieux... être aimé de vous! : 4 vers supprimés (1675-1697).

4. Variante : pas. (1675-1697).

5. Variante : Mais peut-être après tout (1675-1697).

6. La discussion politique qui s'engage ici — plus exactement, qui est censée se poursuivre ici après avoir été engagée hors de la scène, comme l'indique le «cessez de m'arrêter» au vers 525 — ne peut se comprendre que si l'on garde à l'esprit la proposition qu'avait faite Étéocle à l'acte précédent (v. 198-202) : «Que l'on fasse parler et le Peuple et les Dieux. / Si le Peuple le veut, je lui cède ma place... », proposition dont Jocaste a dû se faire l'interprète auprès de Polynice dans les instants qui ont précédé leur entrée en scène. Toute l'argumentation de Polynice, fondée sur la loi du sang en référence au droit monarchique français, ne peut que rejeter cet appel au peuple ; et l'opposition qui en découle entre *tyran* (appuyé sur le peuple) et *prince légitime* (appuyé sur le sang) est parfaitement orthodoxe.

7. Variante : voir répandre tant de sang (1675-1697).

8. Variante : rang, (1687-1697).

Page 59.

1. «Ministre» est au XVIIᵉ siècle comme aujourd'hui un substantif masculin : en mettant ce mot en apposition à «troupe insolente», Racine lui a conféré une valeur adjectivale dont il s'est autorisé pour accorder au féminin le véritable adjectif «violente» (qu'il s'agissait de faire rimer avec «insolente»).

2. Variante : populace. (1675-1697).

3. Le discours prêté à Polynice multiplie les sentences, là où dans la scène parallèle du premier acte celui d'Étéocle en était dépourvu. Cette énonciation sentencieuse est directement liée au caractère strictement juridique de l'argumen-

tation de Polynice : celui-ci exige le trône au nom du droit, tandis qu'Étéocle prétend le conserver au nom du fait accompli.

Page 60.

1. Le raisonnement juridico-politique qui culmine dans cette sentence est, sur le plan théâtral, de l'invention de Racine : ses prédécesseurs immédiats, Garnier et Rotrou, faisaient seulement dire à Polynice que la haine du peuple lui était indifférente pourvu qu'il fût craint et obéi.

2. Voir Garnier («Il est plus agréable / Aux citoyens que vous» : *Antigone*, v. 914-915) et Rotrou («Mais quoi, son règne plaît, le vôtre est redouté ; / Il a gagné les cœurs» : *Antigone*, II, 4). L'idée exprimée par Polynice (celui qui est aimé est l'esclave de son peuple, v. 564-574) en réaction à l'affirmation de sa mère ne figurait auparavant que chez le seul Rotrou (*Antigone*, II, 4 : «Qui règne aimé des siens en est moins absolu ; / Cet amour rompt souvent ce qu'il a résolu ; / Plus est permis aux rois à qui plus on s'oppose ; / Une lâche douceur au mépris les expose : / Le peuple, trop aisé, les lie en les aimant ; / Il faut pour être aimé régner trop mollement»).

3. Variante : parvenir. (1675-1697).

4. Variante : Peuple et Tyran de son Frère. (1697).

5. Variante : traître. (1675-1697).

Page 61.

1. Variante : Il n'aime, il ne se plaît (1675-1697).

2. Variante : Il revient ; mais, hélas !... il ne me connaît plus. : 4 vers supprimés (1675-1697).

3. Variante : l'injuste (1697).

4. C'est-à-dire sans changer de sentiments envers vous comme vous l'avez fait envers moi.

5. Variante : De votre changement... m'aigrir contre lui. : 4 vers supprimés (1675-1697).

6. Racine transpose dans la bouche de Polynice une expression que Rotrou prêtait à Antigone qui se plaignait devant Hémon que son frère Polynice ait changé : «Mais je suis toujours même et lui s'est démenti» (*Antigone*, I, 4).

7. Variante : ... Frère, (1675-1697).

8. Variante : Que de lui faire ici (1675-1697).

Page 62.

1. Ce vers n'est pas immédiatement compréhensible, et quelques éditeurs de Racine au XVIIIᵉ siècle ont suggéré que « plus » devait être remplacé par *moins*; ce qui signifierait : en quoi Étéocle peut-il être jugé moins inhumain que moi? Postuler l'existence d'une coquille, c'est estimer que Racine a pu laisser passer cette erreur dans quatre éditions successives. En fait ce vers se comprend aisément si l'on rapproche « inhumain » d'« injuste » deux vers plus haut : l'injuste prière d'Antigone, qui aboutit à empêcher Polynice de prétendre au trône, est jugée par lui aussi inhumaine que l'attitude d'Étéocle qui l'en a dépossédé. Il faut donc comprendre : Étéocle n'est pas plus inhumain que vous, ma sœur.

2. Variante : voie. (1675-1687).

3. Variante : Quoi? ce jour tout entier (1675-1697).

4. Rappelons que Racine a inversé les sentiments et l'attitude traditionnels des deux frères, déplaçant vers Étéocle la sensibilité aux pleurs de sa mère que Polynice manifestait chez Stace (voir ci-dessus la note du v. 165 (n. 3, p. 41), ainsi que la Préface, p. 19).

5. Variante : Vous l'appelez cruel (1697).

Page 63.

1. Variante : faire. (1675-1697).

2. Variante : UN SOLDAT [même variante en tête de la tirade qui suit] (1675-1697).

3. Variante : Créon et les Thébains par l'ordre de leur Roi, (1697).

4. Variante : foi. (1675-1697).

5. Hippomédon est l'un des sept chefs grecs qui assiègent Thèbes : il est le premier cité par Euripide dans la présentation des sept rois qui accompagnent Polynice (*Les Phéniciennes*, v. 125-126). Le rôle que Racine lui fait jouer ici correspond à celui qu'il tient dans *La Thébaïde* de Stace, durant la bataille qui a suivi la visite de Jocaste et de ses filles dans le camp de Polynice : il défend le corps de Tydée qui vient d'être tué contre Étéocle et les meilleures troupes thébaines qui cherchent à s'en emparer; tout le récit de Stace, descriptions et comparaisons homériques à l'appui, le présente comme un roc qui soutient sans broncher l'assaut de la tempête (l. IX, v. 86-147).

6. Cette séparation brutale de la mère et du fils a la même origine que l'idée de leur rencontre, *La Thébaïde* de Stace : chez celui-ci, au moment où Polynice est ébranlé par les larmes de sa mère, une escarmouche, provoquée par la rage subite de deux tigresses sacrées de Bacchus, coûte la vie à plusieurs guerriers grecs et déclenche la bataille ; et c'est Tydée, l'un des sept chefs grecs, qui met en cause la bonne foi d'Étéocle, jugé incapable de retarder le début des hostilités jusqu'au retour de sa propre mère (l. VII, v. 564-626). L'accusation de Tydée est ici mise au compte de Polynice (v. 655).

7. Variante : Barbare. (1697).

Page 64.

1. Variante : sépare. (1675-1697).

2. Variante : La force m'abandonne (1697).

Page 65.

1. Rappelons que Ménécée, fils de Créon, avait été désigné par Étéocle pour demeurer auprès de Jocaste dans le palais royal, tandis que lui-même et Créon allaient rejoindre leur armée hors des murs de Thèbes (I, 1 ; v. 211-218).

2. Variante : visage ; (1697).

Page 66.

1. Dans l'édition de 1687, « avecque » avait déjà été remplacé ici par « avec », sans autre modification, ce qui faisait un vers faux.

2. Variante : Si toutefois on peut l'être avec tant d'ennuis. (1697). Sur le sens d'« *ennui* », voir la note du v. 381 (n. 6, p. 52).

3. L'amplification poétique du discours de déploration conduit Racine à faire de l'ensemble de la période durant laquelle Jocaste a été la femme d'Œdipe une période de souffrance. Ce n'est pourtant pas du « jour infâme » où elle a épousé Œdipe que datent ces tourments, mais du jour où, après de très longues années de règne et d'une union heureuse qui a vu la naissance de quatre enfants, Œdipe a découvert sa véritable identité.

4. Pour faire de Jocaste une innocente écrasée par une justice divine qui la dépasse, Racine néglige le fait qu'elle s'est rendue coupable d'une faute originelle, dont l'inceste ne

constitue que le châtiment : celle d'avoir passé outre à l'oracle de Loxias qui prédisait les maux qu'elle et son mari Laïus subiraient s'ils mettaient au monde un fils. Dans *Les Phéniciennes* Euripide lui fait rappeler qu'elle a enfanté contre la loi divine (v. 380).

5. Variante : Le connaissais-je, hélas ! ce Fils infortuné ?
Vous-mêmes dans mes bras vous l'avez amené.
(1675-1697).

6. La plainte de Jocaste s'est durcie progressivement en une dénonciation de la culpabilité des dieux : ainsi la rhétorique du monologue de déploration l'a emporté sur la « grécité » du personnage, qui ne se tient pas ici dans cette ambiguïté si caractéristique des héros opprimés de la tragédie grecque — conscience de l'injustice de divinités imprévisibles, mais acceptation de cette injustice (cf. la Jocaste d'Euripide : « Il faut supporter les agissements des dieux », *Les Phéniciennes*, v. 382).

Page 67.

1. Variante : perfide (1687-1697).

2. Référence à l'oracle annoncé à la scène 2 de l'acte II (voir la note du v. 448, n. 1, p. 55).

3. Variante : D'un triomphe si beau... la céleste menace ? : 4 vers supprimés (1675-1697).

4. Ce point d'interrogation, maintenu dans toutes les éditions, n'est pas une marque grammaticale, mais un signe d'intonation indiquant que la voix doit se maintenir sur le même ton que dans les vers précédents.

5. Variante : Un sang digne des Rois dont il est découlé,
Un Héros pour l'État s'est lui-même immolé.
(1675-1697).

6. Variante : Je courais (1697).

7. Variante : Ils ne m'entendaient plus, et mes cris douloureux
Vainement par leur nom les rappelaient tous deux. (1697).

8. Variante : Ils ont tous deux volé (1697).

9. La structure de la suite de ce récit est directement reprise de Rotrou, chez qui déjà la mort de Ménécée est racontée à Jocaste par Antigone qui était montée sur une tour pour

assister à la bataille. Racine rivalise avec Rotrou pour souligner la générosité du jeune héros, après avoir regretté dans ses notes sur *Les Phéniciennes* d'Euripide la sécheresse de ce dernier qui n'avait consacré que trois vers à sa mort : « Cette mort méritait d'être racontée plus au long, au lieu de décrire des boucliers » (v. 1090 ; tome II de l'édition de la Pléiade, p. 879).

10. « Étonner » : *frapper de stupéfaction, effrayer.*

Page 68.

1. L'expression (reprise aux v. 733 et 807) fait directement référence à la formule de l'oracle (« le dernier du sang royal », v. 447), comme si elle avait toujours et par tous été correctement interprétée.

2. Variante : s'est avancé (1675-1697).

3. Les Grecs et les Thébains : sur cette opposition, voir la note 4 de la liste des acteurs, p. 33.

4. Chez Racine, le suicide expiatoire de Ménécée est destiné à permettre la trêve qui conduira à la rencontre entre les deux frères à l'acte suivant. C'est pourquoi le héros s'avance entre les deux armées et s'adresse aux Argiens comme aux Thébains auxquels il annonce la paix. Rien de tel chez ses modèles, où Ménécée se sacrifiait pour donner la victoire aux Thébains : il se tuait en haut des remparts de façon à ce que son sang coule jusque dans l'antre du dragon autrefois tué par Cadmos, revêtant ainsi sa profonde signification expiatoire. Les Thébains obtenaient alors effectivement la victoire générale, à l'issue de laquelle les deux frères s'affrontaient en combat singulier. On voit comment ici Racine a rationalisé le rite expiatoire (comme Rotrou qui fait encore mourir Ménécée en haut de la tour, mais sans en expliquer les raisons), et l'a aussi fonctionnalisé en le mettant au service de l'étalement de son intrigue.

5. « Admirer » ici au sens de : *considérer avec étonnement, s'étonner de.*

Page 69.

1. Variante : Ce sont eux dont la main... ils les auraient laissés. : 4 vers supprimés (1675-1697).

2. Variante : intervalle. (1675-1697).

3. Variante : quelque fin (1697).

4. Variante : armes. [très exactement *larmes*. — coquille depuis 1687] (1697).

5. Variante : Mais hélas ! combien cher (1675-1697).

6. En faisant rappeler par Jocaste la constante cruauté du « Ciel » qui fait alterner sans cesse espoir et crainte, Racine met sur le compte d'une divinité vengeresse un mouvement que les anciens mettaient plutôt sur celui de la fortune capricieuse (*tuchè* des Grecs ou *fatum* des Romains). En même temps, il a réussi à insérer harmonieusement dans ce constat d'ordre général — qui, d'une certaine manière, commente le rythme de sa propre tragédie — un fait tragiquement paradoxal que la Jocaste de Sénèque avait mis au compte de la dérision divine : « Ô mon fils, qui m'es rendu après si longtemps, mon fils, crainte et espoir d'une mère suspendue entre l'une et l'autre, toi dont j'ai toujours demandé la vue aux dieux, alors que, par ton arrivée, ton retour me serait ôté autant qu'offert : "Quand cesserai-je, disais-je, de craindre pour toi ?" Et le dieu répondit en se moquant : "C'est lui que tu craindras." Et c'est un fait que si la guerre n'était pas arrivée, je ne t'aurais pas, mais c'est un fait aussi que si tu n'étais pas arrivé, je n'aurais pas la guerre. Ah, amer et cruel est le prix de ta vue qui est demandé à ta mère, mais elle s'en satisfait » (*Les Phéniciennes*, v. 515-525).

Page 70.

1. Variante : obstacle. (1675-1697).

2. Variante : En vain tous les mortels… et l'autre la justice, : 4 vers supprimés (1675-1697).

3. Variante : Nous ravit tout le fruit (1697).

4. Cette scène correspond à la scène 3 du premier acte d'*Antigone* de Rotrou. Mais Rotrou, fidèle à Stace, y montrait un Créon révolté par la mort de son fils (« Que vous a fait mon sang pour vous être immolé ? / Quel droit de la nature avons-nous violé ? / Ai-je, autre Œdipe, entré dans le lit de ma mère ? / Lui suis-je époux et fils ? mon fils fut-il mon frère ? »).

5. Variante : tant d'Argos que (1697).

Page 71.

1. « Événement » : *issue.*
2. Variante : Quand du Fils de Créon l'héroïque trépas,
      De tous les combattants a retenu le bras.
      (1697).
3. Tout en conservant le mode de la confidence faite à sa mère, le personnage de Racine énonce sous forme de sentence (plus digne d'un discours de roi) l'aveu direct que faisait l'Étéocle d'Euripide (digne d'un pur ambitieux) : « Je vais te parler, ma mère, sans rien déguiser : je monterais au ciel jusqu'au lever des astres et je descendrais sous terre, si je pouvais accomplir de telles choses, afin de garder le pouvoir absolu, qui est la plus grande des divinités. Un tel bien, mère, je ne veux pas qu'il passe à un autre, mais je veux le conserver pour moi » (*Les Phéniciennes*, v. 503-506). Chez Racine, c'est Polynice qui se déclarera prêt à monter au ciel (IV, 3 ; v. 1287-1288), mais le contexte fait de cet aveu l'affirmation de sa grandeur d'âme (à sa mère qui lui explique que la foudre environne le trône de Thèbes, Polynice se déclare prêt à s'élever et à chuter comme ses ancêtres) plutôt que de son ambition. L'ambition comme pure *passion* est laissée à Créon.

Page 72.

1. Variante : Laissez couler son sang sans y mêler le vôtre, (1687-1697).
2. Variante : plongé. (1675-1697).
3. Variante : ses Ennemis (1687-1697).

Page 73.

1. Variante : Empire. (1675-1697).
2. Variante : d'impossible : (1697).

Page 74.

1. Variante : Et ne veut revenir (1675-1697).
2. Variante : Il vous offre, Seigneur, ou de venir ici,
      Ou d'attendre en son camp.
      CRÉON. Peut-être qu'adouci,
      Il songe à terminer une guerre si lente, (1697).
3. Dans *La Thébaïde* de Stace, le roi d'Argos, Adraste (voir la note du v. 142, n. 1, p. 41), se jetait au milieu des deux

frères prêts à s'affronter et offrait sa couronne à Polynice afin qu'il « commande seul à Lerne et à Argos » (l. X, v. 430-435). Tout en plaçant la proposition d'Adraste avant le défi de Polynice et hors de la présence d'Étéocle, Rotrou a suivi Stace de très près (*Antigone*, I, 6). Racine se distingue de ses devanciers en prêtant à Adraste la volonté de diviser son royaume en deux : il n'est pas pensable qu'un monarque puisse envisager d'abdiquer.

4. Variante : retraite. (1697).

5. Variante : Paix. (1687-1697).

Page 75.

1. La métrique implique ici d'élider le *e* et de prononcer *et voyez-l'en ces lieux* : l'effet n'est pas très heureux et explique la variante (même construction métrique au v. 1645, ainsi qu'aux v. 270, 285 et 1469 d'*Alexandre le Grand*).

2. Variante : Attendez-le plutôt. Voyez-le dans ces lieux. (1675-1697).

Page 76.

1. Variante : Et qui n'admirerait un changement si rare ?
      Créon même, Créon pour la Paix se déclare.
      (1675-1697).

2. Le confident (qui n'a pas entendu les v. 911-918 prononcés en aparté) est lui-même trompé par l'hypocrisie du monstre, qui peut alors exposer tous les détours de ses machinations : ce jeu est repris de *Rodogune* de Corneille, dans laquelle la terrible Cléopâtre de Syrie abuse par deux fois sa confidente (II, 2 et IV, 4), tout en se gardant, la seconde fois, de la désabuser. Transposé dans *Britannicus*, ce jeu donnera la magnifique scène 3 de l'acte IV entre Néron et Burrhus.

3. Voir la note du v. 97 (n. 10, p. 39).

4. Variante : mort. (1675-1697).

Page 77.

1. Variante : Et j'abandonnerais... en ne se vengeant pas. : 4 vers supprimés (1675-1697).

2. Variante : Je brûle de me voir (1697).

3. Sur la généalogie de Créon, voir la note du v. 482 (n. 1, p. 57).

4. Étant entendu qu'Hémon a été absent durant un an («Après un an entier de supplice et d'absence», v. 344), et que Polynice l'a été durant deux ans («Vous revoyez un Frère, après deux ans d'absence», dit Jocaste au v. 1075), les deux ans dont parle ici Créon s'entendent depuis le commencement du règne d'Étéocle : la première année Polynice s'est éloigné normalement en attendant son tour de régner, puis, empêché de rentrer à Thèbes, il a été suivi dans son véritable exil par Hémon et a commencé les préparatifs de la guerre. Il va de soi que la temporalité ici imaginée par Racine est purement logique : le temps d'exil de Polynice variait selon les auteurs anciens, la Jocaste de Sénèque parlant de trois hivers et de trois étés durant lesquels son fils a erré sans patrie (v. 370-373).

5. Variante : l'Empire. (1675-1697).

6. Variante : le Trône à Polynice (1697).

7. Variante : Et je l'y mis, Attale, (1697).

8. Variante : vont-ils se voir tous deux ? (1697).

Page 78.

1. Variante : pour servir Polynice, (1687) ; pour servir Polynice (1697).

2. Variante : même. (1675-1697).

3. « d'ailleurs » : *d'un autre côté, par ailleurs.*

4. Variante : puissante. (1675-1687) ; [omission de la ponctuation en 1697].

5. Variante : contre un fier ennemi (1687-1697).

6. Cette image figurait déjà dans un vers de Du Ryer (*Clarigène*, 1639, III, 2) : « [Tu] m'étouffes enfin quand tu crois m'embrasser. » Racine la reprendra dans *Britannicus* : « J'embrasse mon rival, mais c'est pour l'étouffer » (IV, 3, v. 1314). Rappelons qu'« embrasser » au xviie siècle a seulement le sens de *serrer dans ses bras.*

Page 80.

1. Variante : Je connais Polynice et son humeur altière (1675-1697).

Page 81.

1. Après ce vers commence l'unique *addition* qu'a apportée

Racine à son texte (pour ces quatre vers ajoutés, voir la note 2 ci-dessous). En 1697, celui qui se pense comme le seul héritier de la tragédie antique a ainsi renforcé le caractère *fatal* de la haine fraternelle, en écho à la tirade de Jocaste du commencement (v. 29-38). Il est remarquable qu'il se soit servi de l'image biblique de la guerre intestine entre Esaü et Jacob pour développer cette addition : « Mais les deux enfants dont [Rébecca] était grosse s'entrechoquaient dans son ventre... » (Genèse, xxv, 22-25). Mais il n'a pas modifié les v. 1023-1024 (sauf à remplacer « venger » par « punir ») qui mettent l'accent sur le caractère providentiel — plutôt chrétien que grec — du châtiment.

    2. Variante : [Nous étions ennemis dès la plus tendre enfance,]
        Que dis-je ? nous l'étions avant notre naissance.
        Triste et fatal effet d'un sang incestueux.
        Pendant qu'un même sein nous renfermait tous deux,
        Dans les flancs de ma Mère une guerre intestine
        De nos divisions lui marqua l'origine.
        Elles ont, tu le sais, paru dans le berceau,
        Et nous suivront peut-être encor dans le tombeau. (1697).
    3. Variante : punir ainsi l'inceste (1675-1697).
    4. Variante : Tout ce qu'ont de plus noir (1697).
    5. Variante : diminue. (1675-1697).
    6. Variante : il me semble odieux, (1675-1697).
    7. Variante : ... l'Empire. / ... retire. (1675-1697).
    8. Variante : Diadème. (1675-1697).
    9. Variante : inflexible. (1675-1697).

Page 82.

    1. On retrouve le rythme et les sonorités de ces deux vers dans *Bérénice* : « Que le jour recommence et que le jour finisse, / Sans que jamais Titus puisse voir Bérénice... » (v. 1115-1116).

    2. Variante : Sa puissance (1687).

    3. Variante : [Que la Guerre s'enflamme et jamais ne finisse,]

S'il faut avec la Paix recevoir Polynice,
Qu'on ne nous vienne plus vanter un bien si
doux.
La guerre et ses horreurs nous plaisent avec
vous. (1697).

4. Variante : La rage d'un Tyran… sont d'horribles combats. :
4 vers supprimés (1675-1697).

5. Souvenir probable d'un vers célèbre de *Cinna* de Corneille : « Votre Rome à genoux vous parle par ma bouche »
(II, 1 ; v. 606).

6. Variante : Feignez… Mais quelqu'un vient.
ÉTÉOCLE. Sont-ils bien près d'ici ? (1675-1697).

Page 83.

1. Variante : ANTIGONE, HÉMON, CRÉON (1675-1697).

2. Sur ces deux ans, voir la note du v. 947 (n. 4, p. 77).

3. Variante : office. (1675-1697).

4. Variante : Hé quoi ? (1697).

5. En ces v. 1079-1090 Racine a réussi une admirable
synthèse des passages correspondants des *Phéniciennes* d'Euripide et des *Phéniciennes* de Sénèque. Dans la première, Jocaste
invitait Étéocle à faire cesser son terrible regard et Polynice à
regarder son frère, puis ses deux fils ensemble à se regarder
dans les yeux afin d'oublier le passé (v. 454-464). Ce que Racine,
dans l'édition des *Phéniciennes* qu'il avait annotée, avait commenté ainsi : « Aversion d'Étéocle contre son frère très bien
marquée. Ils ne se veulent point regarder » (v. 455 ; tome II de
l'édition de la Pléiade, p. 878). Dans la pièce de Sénèque — et
dans celles de Garnier et de Rotrou, qui l'ont suivi de près —,
où la rencontre se produit sur le champ de bataille, alors que
les deux frères en armes sont prêts à s'affronter, Jocaste invite
Polynice à approcher et à se désarmer, lui reprochant de
lancer des regards inquiets vers son frère et l'assurant qu'elle
lui fera un rempart de son corps si Étéocle s'avise de se jeter
sur lui (v. 467-476).

6. L'idée vient de Sénèque et elle avait été fidèlement
reprise par Garnier : « Vous faites une guerre, où plus grande
est la gloire / De se trouver vaincu, que d'avoir la victoire »
(*Antigone*, II, v. 718-719). Mais elle était exprimée au sens
propre. C'est Rotrou qui l'avait transposée sur le plan figuré

de l'affrontement verbal entre les deux frères («La valeur est honteuse en pareil différend / Et la gloire appartient à celui qui se rend», II, 4).

Page 85.

1. «Décevoir» : *tromper.*

2. Variante : Paix ? (1675-1697).

3. L'idée de cette prière vient encore de Sénèque, chez qui Jocaste s'adressait au seul Polynice : «Par les pénibles souffrances endurées par mon ventre pendant dix mois, par l'affection de ton illustre sœur, et par les yeux de ton père qu'il a arrachés, furieux contre lui-même, et s'infligeant le cruel châtiment d'une erreur sans avoir commis aucun crime, je t'en supplie...» (*Les Phéniciennes*, v. 535-540).

4. Variante : Nature. [variante impliquée par la suppression des vers qui suivent] (1675-1697).

5. Variante : La fière ambition... ou leur parle de haine. : 4 vers supprimés (1675-1697).

6. La formule est de Cicéron : *summum jus, summa injuria* (*De Officiis*, I, 33) : à ceci près qu'*injuria* signifie en latin *injustice*, sens qu'«injure» avait presque entièrement perdu au temps de Racine. Au siècle suivant, Voltaire n'hésitera pas à reprendre cette traduction littérale dans son *Œdipe* (III, 3) : «Mais l'extrême justice est une extrême injure.»

Page 86.

1. Le reproche de l'attitude paradoxale de Polynice prêt à détruire le pays sur lequel il veut régner était déjà formulé par la Jocaste d'Euripide (*Les Phéniciennes*, v. 570-576) ; mais ce sont les vers de Sénèque que Racine adapte ici : «Je t'en supplie, ne renverse pas ta patrie et tes pénates, ne renverse pas Thèbes que tu cherches à gouverner. Quelle folie possède ton esprit ? En revendiquant ta patrie tu la fais périr ? Afin qu'elle devienne tienne, tu veux qu'elle ne soit plus rien ? » (*Les Phéniciennes*, v. 555-559).

2. Variante : Est-ce donc sur des morts (1675-1697).

3. Voir ici encore Sénèque : «Cruel, as-tu un cœur si insensible et si barbare envers les objets de sa fureur ? Et tu ne règnes pas encore. Quel effet produira le sceptre ? » (*Les Phéniciennes*, v. 582-584).

4. Variante : J'ai honte des horreurs où je me vois contraint. (1675-1687) ; contraint, (1697).

5. Variante : Je ne me connais plus… il faut que je sois roi. : 4 vers supprimés (1675-1697).

Page 87.

1. C'est Polynice, et non Étéocle, qui dit dans l'*Antigone* de Rotrou : « Et le droit que je veux est au bout de ce fer » (II, 4). Dans les deux cas, le personnage doit accompagner ses mots en mettant la main sur son épée. C'est peut-être ici que dans une première version de *La Thébaïde* les deux frères tiraient leurs épées : « Le 4e [acte] était fait dès samedi ; mais malheureusement je ne goûtais point, ni les autres non plus, toutes les épées tirées : ainsi il a fallu les faire rengainer, et pour cela ôter plus de deux cents vers, ce qui est malaisé » (Lettre à Le Vasseur, novembre 1663, tome II de l'édition de la Pléiade, p. 457). Le chiffre de deux cents vers, cependant, paraît démesuré : même dans *Les Phéniciennes* de Sénèque, où Jocaste se jette entre les deux armées prêtes à s'affronter, elle ne dépensait qu'une cinquantaine de vers à faire déposer leurs armes aux deux frères.

2. Variante : Hâtez-vous donc, cruels (1675) ; Hâtez-vous donc, cruels, (1687-1697).

3. Variante : ni cruel à demi (1687-1697).

Page 88.

1. Racine combine dans cette tirade plusieurs passages différents des *Phéniciennes* de Sénèque (dans lesquels Jocaste s'adressait respectivement aux deux armées ennemies, à Antigone, à ses deux fils) : « Compatriotes et ennemis, frappez ensemble ce ventre qui donna des frères à mon mari, répandez partout et mettez en pièces les membres de mon corps : c'est moi qui les ai enfantés l'un et l'autre » (v. 446-449) ; « Moi présente aucun crime n'aura lieu, ou s'il peut, moi présente, s'en commettre un, il y en aura plus d'un » (v. 412-414) ; « Si la vertu vous plaît, accordez la paix à votre mère ; si le crime vous plaît, il en est un plus grand qui est tout prêt : votre mère se dresse entre vous » (v. 455-457). Voir aussi Rotrou : « Si le crime vous plaît, un plus grand s'offre à vous » (*Antigone*, II, 4).

2. Variante : que l'amour vous retienne, (1675-1697).

3. Ce n'est pas par amour pour moi que chacun d'entre vous épargne ma vie en poursuivant celle de son frère...

4. Variante : garderiez bien, cruels, (1675-1697).

5. Voir saint Augustin, *Sermon 302*, 11 : « Pourquoi te déchaînes-tu contre les méchants ? Parce qu'ils sont méchants, dis-tu. Tu te ranges à leur côté, en te déchaînant contre eux. Voici mon conseil : un homme méchant te mécontente, ne soyez pas deux à l'être. » La quatorzième lettre des *Provinciales* (1656) s'était appuyée sur cette idée pour condamner les homicides permis par les jésuites. De là aussi la « Pensée » 543 (659) du même Pascal : « Faut-il tuer pour empêcher qu'il y ait des méchants ? / C'est en faire deux au lieu d'un. VINCE IN BONO MALUM, saint Augustin. » On peut se demander si cette idée n'a pas orienté toute la fin de la scène : c'est en effet le seul Polynice qui est l'objet des supplications et reproches de Jocaste, d'Antigone et même d'Hémon. Cet effet deviendra moins sensible à partir de 1675, avec la suppression des interventions d'Antigone et d'Hémon.

6. Ce thème de la souffrance de l'exil dominait largement l'argumentation du Polynice d'Euripide, plus enclin à se placer sur le plan de l'injustice qui lui était ainsi faite que sur le plan du droit strict : à une époque où le bannissement n'est plus vécu comme le déchirement que ressentaient les Athéniens du vᵉ siècle av. J.-C., Racine a été nécessairement conduit à inverser la perspective.

Page 89.

1. Variante : Mais si le Roi d'Argos vous cède une Couronne... (1675-1697).

2. Variante : Que le crime noircit,... vous cède une couronne. : 20 vers supprimés (1675-1697).

Page 90.

1. À partir de l'édition de 1675, la suppression de l'intervention d'Hémon et l'attribution de ses paroles à Jocaste (voir la variante à la note 2 ci-dessous) visent au même effet que la suppression des v. 1120-1239 qui comportaient les interventions d'Antigone et d'Hémon : il s'agit de resserrer le débat autour de la mère et du fils.

2. Variante : JOCASTE

Qu'on le tienne, mon Fils, d'un Beau-père ou d'un Père,
La main de tous les deux vous sera toujours chère.

POLYNICE

Non non, la différence est trop grande pour moi, (1675-1697).

3. Variante : N'être point Roi, Madame, ou l'être à juste titre, (1675-1697).

Page 91.

1. La Jocaste de Sénèque avait tracé un vaste horizon (digne d'un Cyrus ou d'un Alexandre) aux guerres de conquête que pouvait entreprendre Polynice pour se faire roi (*Les Phéniciennes*, v. 599-616) ; Rotrou l'avait réduit au seul royaume de Crésus (*Antigone*, II, 4). Racine ne garde que l'idée.

2. Variante : trempée. (1697).

3. Ces quatre vers suivent de près (en inversant simplement l'ordre des deux dernières idées) six vers de Sénèque : « Il serait bien mieux qu'avec ces soldats tu attaques de nouveaux royaumes qui ne seraient souillés d'aucun crime. Bien plus, ton frère lui-même, accompagnant ton armée combattra pour toi. Va et fais une guerre dans laquelle ton père et ta mère puissent accompagner tes combats de leurs vœux » (*Les Phéniciennes*, v. 619-624).

4. Variante : crime. (1687-1697).

5. Variante : vu [absence d'accord autorisée dans de très nombreux cas au XVIIᵉ siècle] (1697).

6. Voir Sénèque (*Les Phéniciennes*, v. 645-651) : « Ne crains rien. Il subira un lourd châtiment : il régnera. C'est là son châtiment. Si tu en doutes, fie-toi à ton aïeul et à ton père ; Cadmus te l'apprendra, ainsi que la postérité de Cadmus. À aucun Thébain il n'a été donné de porter impunément le sceptre, et nul ne le gardera grâce à un parjure : bientôt il te sera permis de compter ton frère parmi ceux-là » (voir aussi Rotrou, *Antigone*, II, 4).

7. Variante : terre. (1675-1697).

8. Voir la note du v. 830.

9. Variante : Ah ! ta chute, crois-moi, (1697).

10. Voir Rotrou, *Antigone*, II, 4 : « Mais quoi ! son règne

plaît, le vôtre est redouté.» Voir plus haut le v. 564 et la note.

Page 92.

1. Variante : convie. (1675-1697).
2. Variante : Frères. (1687-1697).

Page 93.

1. Jocaste quitte ici la scène pour se tuer, après avoir maudit ses fils : Racine a suivi Rotrou de près (*Antigone*, II, 4 : « Adieu, non plus mes fils, mais odieuses pestes, / Et détestables fruits de meurtres et d'incestes : / Vous ne mourrez pas seuls, et je suivrai vos pas / Pour vous persécuter même jusqu'au trépas »), et y compris dans les commentaires d'Hémon (« Ô constance barbare ! ») et de Créon (« Enfin le champ est libre et rien ne vous sépare », disait-il à Étéocle). Mais il a transformé le commentaire de Créon (qui s'attire chez Rotrou une cinglante réponse d'Étéocle) en un aparté d'un cynisme si gratuit qu'il a jugé bon de le supprimer en 1675 (voir la variante ci-dessous).
2. Variante : [La réplique de Créon est supprimée, et le vers tout entier attribué à Antigone]
    Madame... ô Ciel ! que vois-je ? Hélas ! rien ne les touche ! (1675-1697).
3. Variante : Joignez, unissez tous vos douleurs à la mienne.
    C'est leur être cruels que de les respecter. (1675-1697).

Page 95.

1. Racine a suivi ici Rotrou, qui ouvrait son troisième acte sur trois strophes de stances prononcées par Antigone, *en deuil, dans sa chambre.* Le contenu en est radicalement différent, puisque les stances de l'Antigone de Rotrou développaient un lieu commun sur les rigueurs de l'aveugle fortune (sans lien direct avec la mort de Jocaste que l'on n'apprend qu'à la fin de la scène suivante). Cependant, dans une première version, Racine s'était borné à transposer le lieu commun de la fortune en lieu commun de l'ambition. Voici ce qu'il écrivait à son ami Le Vasseur à la fin de novembre 1663 (édition de la Pléiade, II, p. 458-459 [corrections en gras d'après la lettre manuscrite]) :

« J'y ai mis des stances qui me satisfont assez. En voilà la

première. Car je n'ai guère de meilleure chose à vous
écrire :

> *Cruelle Ambition dont la noire malice*
>   *Conduit tant de monde au trépas,*
> *Et qui feignant d'ouvrir le trône sous nos pas*
>   *Ne nous ouvres qu'un précipice :*
>   *Que tu causes d'égarements,*
> *Qu'en d'étranges malheurs tu plonges tes Amants !*
>   *Que leurs chutes sont déplorables !*
> *Mais que tu fais périr d'Innocents avec eux !*
>   *Et que tu fais de misérables*
>   *En faisant un Ambitieux !*

C'est un lieu commun qui vient bien à mon Sujet [...]. »
Dans la lettre suivante, il explique qu'il a « changé toutes les
stances avec quelque regret. Ceux qui me les avaient demandées s'avisèrent ensuite de me proposer quelque difficulté sur
l'état où était ma princesse, peu convenable à s'étendre sur
des lieux communs. J'ai donc tout réduit à 3 stances, et ôté
celle de l'*ambition*, qui me servira peut-être ailleurs » (*ibid.*).
De même qu'il s'était abstenu de préciser la première fois
qu'il se livrait à une réécriture des stances de Rotrou, il néglige
de dire ici que pour cette nouvelle version il a adapté les
stances de l'*Œdipe* de Corneille (voir ci-dessous la note du
v. 1360, n. 1, p. 96).

2. Ces stances se présentent sous la forme tout à fait régu-
lière de dizains obéissant au double principe de l'hétérométrie (vers de 6, 8, 10 et 12 syllabes) et de la combinaison
des rimes (quatre rimes embrassées, deux rimes plates et
quatre rimes croisées). On notera cependant que Racine s'est
abstenu de mettre en valeur cette hétérométrie — et ce, dans
toutes les éditions —, en se contentant d'aligner à gauche
tous les vers de chaque strophe (à l'exception du premier) au
lieu de les disposer en fonction de leur longueur respective.

3. Variante : m'appelle. (1675-1697).

Page 96.

1. Nécessité de mourir contre appel de l'amour : la théma-
tique déployée dans ces stances est exactement celle des

stances prononcées par Dircé dans l'*Œdipe* de Corneille — à cela près que la mort sacrificielle qui attend Dircé est jugée par elle plus glorieuse que la vie et son attachement pour Thésée. À confronter les trois derniers vers de cette troisième stance d'Antigone (et tout particulièrement le dernier) aux six derniers vers de la dernière stance de Dircé, on mesurera à quel point il s'est agi pour Racine d'un véritable exercice de réécriture :

> Cher Prince, dans un tel aveu,
> Si tu peux voir quel est mon feu,
> Vois combien il se violente ;
> Je meurs l'esprit content, l'honneur m'en fait la loi,
> Mais j'aurais vécu plus contente,
> Si j'avais pu vivre pour toi.
> (Corneille, *Œdipe*, III, 1 ; v. 823-828.)

2. L'idée du récit incomplet d'un combat singulier, fait par une confidente, qui donne à croire le contraire de ce à quoi la suite de celui-ci aboutira, vient en droite ligne d'*Horace* de Corneille : toute la scène 6 de l'acte III (et la célèbre fureur du vieil Horace) découle du court rapport fait par Julie, qui a quitté les remparts dès qu'elle a vu Horace, ses deux frères morts, s'enfuir devant les trois Curiaces. (Pour se convaincre qu'il s'agit d'une véritable transposition, et non d'un simple souvenir, voir plus bas la note du v. 1443, n. 4, p. 100.)

Page 97.

1. Variante : déplore ! (1675-1697).

2. Les v. 1389-1400 reposent entièrement sur une série de jeux d'opposition binaire dont le caractère excessivement rhétorique amoindrit l'expression de la douleur qu'ils devaient au contraire souligner : c'est sans doute la raison pour laquelle Racine les a supprimés en 1675.

3. Variante : Quand on est au tombeau… pour lui, ni contre lui. : 12 vers supprimés (1675-1697).

Page 98.

1. Variante : Polynice. (1675-1697).

2. Voir la note du v. 415, n. 3, p. 53.

3. Variante : Et ce qui lui donnait tant de part dans mes vœux, (1675-1697).

4. Variante : cause. (1675-1697).

5. Variante : l'expose. (1697).

Page 99.

1. Variante : colère. (1675-1697).

2. La critique des mauvais conseillers des rois est un lieu commun de la tragédie politique. Corneille en avait fait un des thèmes principaux de *La Mort de Pompée* (1644), comme Racine le fera dans *Britannicus* et dans *Esther.*

Page 100.

1. Variante : vos Fils ! Dieux ! (1675-1697).

2. Variante : jours ? [voir « Lire Racine », dans l'édition de la Pléiade, I, 1999, p. LXII] (1675-1697).

3. Variante : histoire ? [voir « Lire Racine », *ibid.*] (1675-1697).

4. Les termes du quiproquo qui aboutit aux v. 1437-1443 (conséquence du récit incomplet d'Olympe) reprennent très exactement les v. 1089-1097 d'*Horace* (conséquence du récit incomplet de Julie : voir plus haut la note du v. 1372, n. 2, p. 96). On comparera notamment ces deux répliques de Valère et du vieil Horace : « Ignorez-vous encor la moitié de l'histoire ? — Je sais que par sa fuite il a trahi l'État » (*Horace,* IV, 1 ; v. 1096-1097) aux v. 1441-1442.

5. Variante : vôtres. (1675-1697).

6. Variante : courroux. (1675-1697).

7. Ce long récit de l'affrontement sanglant des deux frères est le passage obligé de l'histoire de la Thébaïde, comme le récit de Théramène est le passage obligé de l'histoire de Phèdre et Hippolyte. Chez Euripide et chez Garnier, il était fait par un « messager ». Rotrou le premier avait eu l'idée de le personnaliser en le faisant faire par Hémon (*Antigone,* III, 2) ; ici Hémon est mort, et Racine ne disposait plus que du « méchant » Créon pour faire énoncer ce morceau de bravoure (Créon, qui chez Euripide était l'auditeur sincèrement éploré du récit du messager).

8. Variante : Que d'une ardeur égale ils fuyaient de ces lieux (1675-1697).

Page 101.

1. Variante : leurs bras (1697).
2. Variante : qui nous arrêtaient tous (1697).
3. Variante : furie. (1697).
4. Variante : avantage. (1675-1697).
5. Racine, qui a imaginé l'épisode de l'intervention funeste d'Hémon, passe ensuite sur les détails du combat sur lesquels s'attardaient ses prédécesseurs. Précisons qu'Euripide, seule source à laquelle il prétend être redevable, faisait tomber Polynice le premier ; à l'inverse, Stace, probablement héritier d'une autre tradition, a rendu Polynice vainqueur et lui a fait adresser un discours ironique à son frère avant qu'il soit victime de la feinte de celui-ci (*La Thébaïde*, XI, v. 548-560) ; c'est donc Stace que Racine a suivi, comme l'avaient fait avant lui Garnier et Rotrou.

Page 102.

1. Variante : baigner. (1675-1697).
2. Variante : pas. (1675-1697).
3. Variante : arrêtée. (1675-1697).
4. Ce coup inattendu dont est victime Polynice ne s'explique qu'en référence à la tradition épique, dans laquelle le vainqueur couronne sa victoire en dépouillant lui-même le vaincu de ses armes et de sa cuirasse — y compris dans une bataille rangée, comme on le voit à tout moment dans l'*Iliade*.
5. Adaptation d'une formule consacrée depuis la mort d'Hector dans l'*Iliade* (XXII, v. 362) ; elle était célèbre au xviie siècle sous sa forme latine (*Vitaque cum gemitu fugit indignata sub umbras* : Et sa vie, indignée, s'enfuit avec un gémissement chez les ombres), qui est le dernier vers de l'*Énéide* de Virgile.
6. Variante : Frère. (1675-1697).

Page 103.

1. Antigone disait au début de la tragédie de Rotrou : « Maudite ambition ! abominable peste ! / Monstre altéré de sang que ton fruit est funeste ! » (*Antigone*, I, 3).
2. Variante : ... funeste ! / ... manifeste ! (1675-1697).
3. Variante : âme. (1675-1697).
4. Variante : ... appelle. / ... nouvelle. (1697).
5. « Gêner » : *torturer, tourmenter*.

Page 104.

1. Variante : Diadème ? (1675-1697).
2. Variante : grâce ! (1675-1697).
3. Variante : fasse. (1697).

Page 105.

1. L'emploi de « fortune » puis de « fortuné » à un vers d'intervalle (et dans deux sens différents : *situation, état / gâté par le sort, heureux*) peut paraître maladroit ; il semble pourtant, à considérer la rhétorique extrêmement raffinée de la suite de cette tirade, qu'il ait été *voulu* par Racine.
2. Variante : Antigone. (1675-1697).
3. Variante : Père. (1675-1697).
4. Variante : m'afflige. / ... exige. (1697).

Page 106.

1. Variante : guère. (1697).
2. Variante : tendresse. (1697).
3. Variante : Rival. (1675-1697).
4. Comprendre : *Permets que je me laisse entièrement aller à la violence de mes sentiments.*

Page 107.

1. Variante : tombée. (1675-1697).
2. *À cette vue.*
3. Variante : pas. (1675-1697).
4. Variante : elle ! (1675-1697).
5. Variante : SCÈNE DERNIÈRE (1675-1697).
6. Variante : Ainsi donc vous fuyez un Amant odieux, (1675-1697).

Page 108.

1. Cette intervention d'Attale et des gardes suggère un jeu de scène que confirme la suite du texte : ceux qui viennent de lui « sauver la vie » (v. 1634) et qu'il traitera de « cruels amis » parce qu'ils mettent des « obstacles » à sa volonté de mourir (v. 1637) l'ont empêché de se précipiter sur son épée. Ce jeu de scène avait de nombreux précédents au XVIIᵉ siècle, dont le plus célèbre demeurait celui de *La Mariane* de Tristan L'Hermite. Dans les mêmes conditions — il vient d'apprendre la

mort de la femme qu'il aime et s'en juge responsable — le roi Hérode tente en vain de prendre l'épée de son confident pour s'en percer le flanc (*La Mariane*, V, 2, v. 1571-1589, dans *Théâtre du XVIIᵉ siècle*, « Bibliothèque de la Pléiade », II, p. 321-322).

2. Variante : vie. (1675-1697).

3. Variante : jours. (1675-1697).

4. Variante : Oracles. (1675-1697).

5. Faites-moi mourir, ou vous serez vous-même trompés — puisque vous avez déclaré (v. 445-448) que « le dernier du sang royal » devait mourir.

6. Variante : funeste. /... reste. / courroux. (1675-1697).

7. Comme au v. 906, la métrique exige l'élision du *e* (à deux reprises du fait de la répétition). Racine réécrira entièrement ce vers (voir la variante ci-dessous).

8. Variante : Ne le refusez pas à mes vœux, à mes crimes. (1675-1697).

9. Variante : crimes. /... Victimes. / forfaits (1675-1697).

10. Les imprécations lancées par un Créon gagné par la *fureur* (« mon courroux », v. 1643) sont inspirées des tragédies sénéquiennes. Comme Créon, les grands criminels de Sénèque suppliaient les dieux de les punir, en vain : ainsi Thésée demande à la terre de s'entrouvrir (comme plus bas Créon : v. 1654) et se plaint aussitôt que ses prières n'émeuvent pas les dieux (*Phèdre*, v. 1239-1243). Et, comme Créon, ils découvraient que c'est dans la conscience de l'excès de leurs crimes et dans leur fureur même que réside leur châtiment.

11. Cette graphie utilisée partout dans les deux premières éditions, à un moment où *I* et *J* n'étaient pas distingués, a permis à Racine de traiter ici *I* comme une voyelle (voir aussi la n. 3, p. 33). Mais lorsque, dans les éditions de 1687 et 1697, le *J* a fait son apparition, ce vers n'a pas été retouché, alors même que la graphie *Jocaste* le faisait passer à treize syllabes ! Un éditeur hollandais, sensible à ce défaut, s'est donc permis de le transformer ainsi : « Jocaste, Polinice, Eteocle, Antigone, » (Amsterdam, Wolfgang, 1690).

Page 109.

1. En s'effondrant dans les bras de ses gardes, Créon perd-il seulement les sens ou la vie ? Ses paroles invitent à pencher pour la mort, mais Racine s'est gardé de toute indication

explicite. Rappelons que si dans le théâtre baroque des trente premières années du xviiᵉ siècle on pouvait mourir de *fureur*, en revanche, dans *La Mariane* de Tristan L'Hermite, Hérode — à qui le remords de Créon doit autant qu'aux grands criminels de Sénèque — tombait seulement évanoui, comme le fera Oreste dans *Andromaque*. En fait, l'essentiel consiste à nous donner à voir l'accès de fureur mortelle du coupable, et en cela Racine s'inscrit dans une véritable tradition, issue de Sénèque, comme nous l'avons vu ci-dessus (n. 3, p. 86), et très populaire depuis le théâtre de la Renaissance (relayé par le théâtre scolaire religieux, jésuite notamment), celle du châtiment psychologique du tyran — considéré, dans une perspective chrétienne, comme la première manifestation, et le prélude en même temps, de la punition divine. Voir notamment, outre le remords et le délire d'Hérode déployés sur plus de deux cents vers dans *La Mariane* (V, 2-3, v. 1559-1800 dans *Théâtre du xviiᵉ siècle*, Pléiade, II, p. 321-329), le trouble de Néron poursuivi comme un Oreste par les Érinyes dans *La Mort de Sénèque* du même Tristan L'Hermite (V, 4, v. 1846-1868, dans *Idem*, p. 403), celui de Dioclétien dans *L'Illustre Comédien ou le martyre de saint Genest* de Desfontaines (1645 ; V, 5 ; dans G. Forestier, *Aspects du théâtre dans le théâtre au xviiᵉ siècle*, Toulouse, Société de Littératures classiques, 1996, p. 85-87), ou encore la culpabilité véritablement suicidaire de Saül dans la tragédie du même nom de Du Ryer (*Saül*, 1642 ; V, 4 ; v. 1620 et suiv. ; éd. M. Miller, Toulouse, Société de Littératures classiques, 1996, p. 86-91). Le délire de Néron raconté par Junie à la fin de *Britannicus* s'inscrit évidemment dans cette tradition, mais aussi la folie d'Oreste au dénouement d'*Andromaque* (non pas l'accès de folie lui-même, issu du théâtre grec, mais le fait qu'il achève la pièce), ainsi que le remords et le suicide d'Atalide à la dernière scène de *Bajazet*.

Page 111.

1. Dans l'*Antigone* de Rotrou, le combat a lieu entre l'acte II et l'acte III, et Hémon en fait le récit à la scène 2 de l'acte III.

2. Cette pièce est plus généralement désignée sous le titre *Les Phéniciennes* : incomplète, elle est composée de deux fragments mettant en scène l'un Antigone et Œdipe (v. 1-362), l'autre Jocaste et ses deux fils (v. 363-664).

3. Dans son édition des tragédies de Sénèque (Leyde, 1611), Daniel Heinsius (Gand, 1580-Leyde, 1655) écrivait à propos des *Phéniciennes* (qu'il appelait *La Thébaïde*, tout en contestant la pertinence du titre) : « C'est la pièce d'un déclamateur, et pour cela absolument indigne de l'estime que quelques-uns lui accordent. »

Page 112.

1. Au xviie siècle, le sens de ce mot est neutre : il est synonyme de *dénouement* et s'emploie indifféremment pour la comédie et la tragédie.

2. Il ne faut pas voir dans ce passage une attaque contre l'*Œdipe* de Corneille, où figure l'amour de Thésée et de Dircé : c'est justement Corneille, confronté le premier à la nécessité de donner une place à l'amour dans un sujet qui l'exclut, qui lui a donné l'idée de « jeter l'amour sur un des seconds Personnages ».

RÉSUMÉ

ACTE I

Jocaste — dans une salle du palais royal de Thèbes où se déroule toute la tragédie — confie à sa suivante Olympe ses frayeurs mortelles : après six mois de guerre, un combat décisif entre les armées de ses deux fils ennemis est sur le point de s'engager et elle craint que les deux frères, voués à l'horreur pour être issus d'une union incestueuse, ne cherchent à s'entre-tuer (sc. 1). Rejointe par sa fille Antigone, elle l'invite à courir avec elle pour séparer les combattants (sc. 2). Étéocle, qui règne sur Thèbes, paraît alors pour expliquer que le combat s'est soldé par des escarmouches. À sa mère Jocaste qui lui rappelle qu'il a manqué à sa parole en refusant de laisser le trône à son frère après un an de règne, il explique que, devenu roi, il ne doit plus se conformer qu'à l'intérêt supérieur de la couronne et que le peuple thébain n'a pas voulu qu'il cède son trône à Polynice, devenu le gendre du roi d'Argos et de Mycènes. Cédant aux supplications de Jocaste, il accepte qu'elle rencontre Polynice dans le palais à la faveur d'une trêve et se déclare même prêt à laisser le trône si le peuple de Thèbes le décide (sc. 3). Il annonce à Créon, le frère de Jocaste, qu'il se retire auprès de son armée en attendant l'issue de l'entrevue, et qu'il cède provisoirement son autorité sur la ville à son cousin Ménécée (fils de Créon) et à sa mère Jocaste (sc. 4). Créon reproche à sa sœur d'avoir fait conclure une trêve alors que les Thébains sont en situation de force ; il estime aussi que la position d'Étéocle est juste, l'intérêt de la cité étant de n'avoir qu'un roi permanent et non point deux rois qui se succèdent d'une année sur l'autre. À Antigone qui rappelle à Créon que son autre fils, Hémon (fiancé à la princesse), combat aux côtés de Polynice, il déclare qu'il le hait plus qu'aucun autre ; Antigone laisse entendre que c'est parce qu'il est le rival en amour de son propre fils qu'il le hait, et Jocaste, indignée, le chasse (sc. 5). Jocaste espère que la paix entre ses fils mettra un terme aux manœuvres ambitieuses de son frère et elle sort pour préparer l'entrevue avec Polynice et Hémon, tandis qu'Antigone espère retrouver Hémon aussi amoureux d'elle que par le passé (sc. 6).

ACTE II

Pendant que Jocaste s'est rendue au Temple afin de prier pour la paix entre ses fils et pour consulter l'oracle, Antigone et Hémon se réaffirment leur amour ; Antigone s'inquiétant des sentiments de Polynice à son égard, Hémon l'assure de la permanence de son affection, ainsi que de son désir de paix (sc. 1). La confidente de Jocaste, Olympe, vient annoncer que les dieux ont parlé : selon l'oracle, la paix reviendra lorsque « le dernier du sang royal » ensanglantera les terres de Thèbes par sa mort. Tous deux du sang royal, Antigone et Hémon se déclarent prêts au sacrifice (sc. 2). Jocaste entre en scène, cherchant à retenir Polynice, déjà décidé à retourner vers son armée puisque les dieux ont annoncé la poursuite de la guerre et à ne pas se soumettre au jugement du peuple : après les objurgations de Jocaste et d'Antigone (laquelle reproche à son frère de n'être plus le même), Hémon s'efforce d'obtenir de Polynice qu'il accepte de prolonger la trêve pour permettre à Jocaste et Antigone de tenter une ultime conciliation (sc. 3). Un soldat vient annoncer que les troupes thébaines, emmenées par Créon et Étéocle, ont rompu la trêve : Polynice et Hémon se précipitent au combat tandis que Jocaste conjure Antigone de courir après eux et de supplier Hémon de séparer les deux frères (sc. 4).

ACTE III

Jocaste envoie Olympe aux nouvelles, gardant encore quelque espoir depuis qu'elle a appris que Ménécée a quitté le palais pour s'interposer (sc. 1). Restée seule, elle se lamente et accuse l'injustice des dieux (sc. 2). Antigone vient annoncer que Ménécée, prenant pour lui la parole de l'oracle, s'est sacrifié au milieu des deux armées prêtes à s'affronter; à l'inverse d'Antigone, Jocaste se sent incapable d'espérer à cause de la haine mutuelle de ses deux fils et des manœuvres intéressées de son frère Créon (sc. 3). Étéocle arrive avec Créon, et explique qu'il n'est pas responsable de la rupture de la trêve, due à une escarmouche entre des soldats isolés; il se déclare néanmoins décidé à demeurer sur le trône au risque de la reprise de la guerre, tandis que Créon, touché du sacrifice de son fils, se déclare pour la paix (sc. 4). Son confident Attale vient annoncer que Polynice demande une entrevue avec son frère Étéocle, et celui-ci accepte de le recevoir (sc. 5). Resté seul avec Attale, Créon lui confie qu'il a feint de souhaiter la paix (après avoir secrètement suscité l'escarmouche qui a rompu la trêve) et qu'il ne doute pas que les deux frères ne parviendront pas à surmonter leur haine mutuelle : il s'emploiera même à exciter celle-ci afin d'hériter du trône après leur mort (sc. 6).

ACTE IV

Étéocle avoue à Créon qu'il hait plus que jamais un frère qu'il déteste depuis l'enfance et Créon se déclare prêt à reprendre les armes à ses côtés (sc. 1). Attale annonce l'arrivée de Polynice et de Hémon, accompagnés de Jocaste et d'Antigone (sc. 2). Jocaste supplie ses deux fils de bien vouloir se reconnaître et se désole de les voir se jeter des regards farouches et de refuser d'avancer l'un vers l'autre; ils ne prennent la parole que pour se lancer des reproches mutuels et se défier au combat, ni Jocaste, ni Antigone ne parvenant à les raisonner ; même Hémon, qui rappelle à Polynice que son beau-père le roi d'Argos s'apprête à lui céder la couronne, ne parvient à le faire renoncer à sa colère d'avoir été dépossédé du trône de Thèbes. Les deux frères courent séparément au combat, au désespoir de Jocaste et d'Antigone et à la grande satisfaction de Créon (sc. 3).

ACTE V

Dans un monologue sous forme de stances, Antigone, désespérée du suicide de sa mère, hésite à la rejoindre dans la mort ou à survivre par amour pour sauver Hémon (sc. 1). Olympe vient lui annoncer qu'Étéocle est mort de la main de Polynice, en dépit des efforts d'Hémon pour les séparer, et Antigone, éperdue, s'inquiète de savoir de quelle manière elle va recevoir son frère, autrefois son préféré, mais désormais coupable d'avoir tué son autre frère (sc. 2). Créon, qui vient d'apprendre la mort de sa sœur Jocaste, fait le récit à Antigone des terribles événements qui se sont déroulés sous les murs de Thèbes : Hémon est mort en tentant de séparer les deux frères, et Polynice, s'approchant d'Étéocle mortellement blessé et gisant à terre, en a reçu un coup d'épée mortel. Créon, désormais roi, veut empêcher Antigone de se retirer et lui offre de partager la couronne, quelles que soient ses conditions ; mais elle sort en lui demandant seulement de « l'imiter » (sc. 3). Créon, persuadé d'être parvenu à ses fins en obtenant la main d'Antigone après avoir gagné la couronne, explique à Attale qu'il ne regrette rien, pas même la mort de ses fils, dont l'un était son rival en amour (sc. 4), mais il est interrompu par Olympe qui revient, en larmes, annoncer qu'Antigone a repris le poignard dont Jocaste s'était percée pour se tuer à son tour (sc. 5). Désespéré et désormais hanté par ses crimes, réclamant la mort, Créon s'effondre entre les bras de ses gardes (sc. 6).

DU MÊME AUTEUR

Dans la même collection

ATHALIE. *Édition présentée et établie par Georges Forestier.*

BAJAZET. *Édition présentée et établie par Christian Delmas.*

BÉRÉNICE. *Édition présentée et établie par Richard Parish.*

IPHIGÉNIE. *Édition présentée et établie par Georges Forestier.*

MITHRIDATE. *Édition présentée et établie par Georges Forestier.*

PHÈDRE. *Édition présentée et établie par Christian Delmas et Georges Forestier.*

LES PLAIDEURS. *Édition présentée et établie par Georges Forestier.*

ESTHER. *Édition présentée et établie par Georges Forestier.*

Dans la collection Folio classique

THÉÂTRE COMPLET, tomes 1 et 2. *Édition présentée et établie par Jean-Pierre Collinet.*

ANDROMAQUE. *Préface de Raymond Picard. Édition de Jean-Pierre Collinet.*

BRITANNICUS. *Édition présentée et établie par Georges Forestier.*

PHÈDRE. *Édition présentée et établie par Raymond Picard.*

COLLECTION FOLIO THÉÂTRE

DERNIÈRES PARUTIONS

4. Eugène IONESCO : *La Cantatrice chauve.* Édition présentée et établie par Emmanuel Jacquart.

5. Nathalie SARRAUTE : *Le Silence.* Édition présentée et établie par Arnaud Rykner.

6. Albert CAMUS : *Caligula.* Édition présentée et établie par Pierre-Louis Rey.

7. Paul CLAUDEL : *L'Annonce faite à Marie.* Édition présentée et établie par Michel Autrand.

8. William SHAKESPEARE : *Le Roi Lear.* Édition de Gisèle Venet. Traduction nouvelle de Jean-Michel Déprats.

9. MARIVAUX : *Le Jeu de l'amour et du hasard.* Préface de Catherine Naugrette-Christophe. Édition de Jean-Paul Sermain.

10. Pierre CORNEILLE : *Cinna.* Édition présentée et établie par Georges Forestier.

11. Eugène IONESCO : *La Leçon.* Édition présentée et établie par Emmanuel Jacquart.

12. Alfred de MUSSET : *On ne badine pas avec l'amour.* Édition présentée et établie par Simon Jeune.

13. Jean RACINE : *Andromaque.* Préface de Raymond Picard. Édition de Jean-Pierre Collinet.

14. Jean COCTEAU : *Les Parents terribles.* Édition présentée et établie par Jean Touzot.

15. Jean RACINE : *Bérénice.* Édition présentée et établie par Richard Parish.

16. Pierre CORNEILLE : *Horace.* Édition présentée et établie par Jean-Pierre Chauveau.

17. Paul CLAUDEL : *Partage de Midi.* Édition présentée et établie par Gérald Antoine.

18. Albert CAMUS : *Le Malentendu.* Édition présentée et établie par Pierre-Louis Rey.

19. William SHAKESPEARE : *Jules César.* Préface et traduction d'Yves Bonnefoy.

20. Victor HUGO : *Hernani.* Édition présentée et établie par Yves Gohin.

Composition Interligne.
Impression CPI Bussière
à Saint-Amand (Cher), le 18 octobre 2010.
Dépôt légal : octobre 2010.
Numéro d'imprimeur : 103028/1.
ISBN 978-2-07-044155-6./Imprimé en France.

178984